歴史文化ライブラリー
607

妖怪を名づける

鬼魅の名は

香川雅信

吉川弘文館

目　次

鬼魅の名は　妖怪と俳諧ネットワーク

増殖する妖怪

妖怪の「カンブリア爆発」——プロローグ

ポケモンと妖怪

ポケットモンスター——いわゆる「ポケモン」が、日本発のコンテンツとして世界的な人気を博していることは論をまたないだろう。

ピカチュウ、ヒトカゲ、ゼニガメといったさまざまな能力・特徴を持った架空の生き物「ポケットモンスター（ポケモン）」が存在している世界を巡りながら、ポケモンを一体ずつ捕獲（ゲット）していき、さらに他のプレイヤーとバトルやポケモンの交換を繰り返しつつ、最終的にはすべてのポケモンを集めて「ポケモン図鑑」の完成を目指す。開発者が幼いころに夢中になった昆虫採集や小動物とのふれあいなどを反映したというこのゲームは、子どもたちの心をつかみ、日本ばかりか世界中で人気を博した。少し前には、ＡＲ

（拡張現実）の技術を応用し、実際に町のなかを歩き回りながらあちこちに潜むポケモンをゲットしていくスマホゲーム「ポケモンＧＯ」が大きな話題になり、運転中にプレイしていたドライバーによる交通事故など、さまざまな問題が起きたことを記憶している方も多いだろう。

この「ポケモン」の源泉の一つが、日本古来の妖怪であることは、しばしば指摘されている。「ポケモン」のなかには、「キュウコン」や「ダーテング」「ルンパッパ」など、明らかに妖怪（「九尾《きゅうび》の狐《きつね》」「天狗《てんぐ》」「河童《かっぱ》」）にルーツを持つものがあり、さまざまな名前や姿かたちを備えたものが存在するというあり方自体が、かつての妖怪のそれを踏まえたものだと推測することができるからである。ちなみに、香港でのポケモンの呼称は「寵物小精霊」、つまり「ペット精霊」であり、日本の「妖怪」によりニュアンスが近くなっている。

妖怪の多様性

さかのぼってみれば、一九七〇年代には子ども向けの「妖怪図鑑」が数多く出版されていた。それらは「ポケモン」以前の「ポケモン体験」として、かつての日本の子どもたちの胸を躍らせたものだった。なかでも水木しげるの『妖怪なんでも入門』（小学館、一九七四年）は、妖怪図鑑の「決定版」として当時の子どもたちの――つまり、その後の日本人の妖怪観を決定するに至った書物であった。

こうした「妖怪図鑑」に象徴される妖怪のあり方――さまざまな呼び名や姿かたちを持った多様な妖怪が存在していることが、日本の妖怪の特徴であるという物言いがしばしば聞かれる。例えば各文化における怪異の表現を比較研究する「怪異の人類学」を提唱した安井眞奈美は、このように怪異現象を差異化し、一つ一つ名前をつけて表現することが日本文化の特徴であると述べている〔安井　二〇一五〕。

日本民俗学の父、柳田國男《やなぎたくにお》が昭和三一年（一九五六）に刊行した著作『妖怪談義』には、妖怪の名前とその事例を紹介した「妖怪名彙」という一種「妖怪辞典」的な文章が掲載されている。ここには、「コナキジジ」「スナカケババ」「ヌリカベ」「イッタンモメン」など、のちに水木しげるが姿かたちを与えてみずからの作品のキャラクターとして登場させ、有名になった妖怪が数多く紹介されている。実は先ほど挙げた『妖怪なんでも入門』にも、「妖怪名彙」のなかで紹介された妖怪が数多く描かれているのである。この柳田の「妖怪名彙」、そして水木しげるの『妖怪なんでも入門』を見ると、日本にはなんと多くの種類の妖怪が伝承されているのか、と感心せずにはいられないだろう。

妖怪の「カンブリア爆発」

しかし、少し歴史をさかのぼってみると、妖怪にさまざまな名前がつけられ、数多くの種類が存在すると考えられるようになったのは、そう古いことではないことがわかる。

小松和彦は、日本の妖怪の種類が多いのは、さまざまな「妖怪現象」ごとに名前がつけられていったためであったが、それは江戸時代の妖怪思想の特徴であったと述べている。そしてそれ以前、すなわち古代・中世の人びとは、さまざまな「妖怪現象」を鬼や天狗、狐、狸といった、限られた「妖怪存在」の所有する神秘的力の発現・活動として理解しようとしていたことを指摘している〔小松　一九九〇〕。

本書で詳しく検討することになるが、この小松の指摘はまさに正鵠を射ている。中世までは、人知を超えたさまざまな怪異をひき起こす存在は、ごく限られたものしか想定されていなかった。それが江戸時代、十七世紀に至って、さまざまな怪異に個別の名称が与えられ、妖怪の種類は急速に増えはじめる。あたかも古生物学で言う「カンブリア爆発」(古生代カンブリア紀に生物の種類が爆発的に増加した現象)のように。これを私は「江戸の妖怪爆発」と呼んでみたい。

私は、二〇〇五年に刊行した拙著『江戸の妖怪革命』で、十八世紀後半に都市で生まれた「博物学的思考／嗜好」の広がりのなかで「妖怪図鑑」が生み出されたことを明らかにした。「博物学的思考／嗜好」とは、さまざまなモノや情報を収集し、分類・配列し、目に見える形で列挙するという思考、そして欲望のあり方である。つまりそうした思考／嗜好のあり方が、妖怪を「数多くの種類が存在するもの」として可視的に提示する「妖怪図鑑」を生み出したのである。これは妖怪をキャラクター的なものととらえる現在の妖怪観にもつながっている。

ただ、ヴィジュアル的なものと結びついていくのは十八世紀以降なのだが、それ以前の十七世紀において、すでに妖怪には数多くの種類が見られるようになっていたのである。その背景には、妖怪に対するどのような認識の変容が存在したのだろうか。この問題に関する詳細な研究はほとんどないと言ってよいが、本書ではそれについていくつかの仮説を提示してみたいと思う。

なお、「妖怪」という言葉は近代以降に人口に膾炙《かいしゃ》した語彙であるが（江戸時代はもっぱら「化物《ばけもの》」という言葉が用いられた）、本書では各時代でさまざまに呼ばれてきた怪異の主体（エージェント）を通時的な分析の対象とするための作業仮説的な概念として用いることにしたい。具体的には、日常的な理解を超えた現象で、かつ神仏の奇瑞《きずい》のような好ましいものとは異なる現象（怪異）のエージェントとして想定された存在を指し示す語として「妖怪」を用いることとする。

古代・中世の妖怪の名づけ

鬼か神か狐か木魂か

『日本書紀』の「邪しき神」

古代においては、現在「妖怪」と呼ばれるような存在は、まず「神」と呼ばれていた。

養老四年（七二〇）に成立した『日本書紀』は、天皇家の祖先とされる「天孫」が降臨する以前の「葦原中国《あしはらのなかつくに》」すなわち日本は、「蛍火光神《ほたるびのかがやくかみ》」（蛍のように怪しく光る神）や「蠅声邪神《さばえなすあしきかみ》」（蠅《はえ》のようにうるさく騒ぐ神）が数多くいて、さらに草木がことごとく人語を発する、という混沌とした土地であったと表現している。「蛍火光神」「蠅声邪神」はいずれも「神」と表現されてはいるが、いわば「怪火《かいか》」と「音の怪《かい》」という、のちに柳田國男が「妖怪名彙」の中で「妖怪」の典型的な例として挙げているものに相当する。

『日本書紀』には、こうした「邪《あ》しき神」などと呼ばれるものがしばしば登場し、あまつさえ人間に災いをもたらすものとして討伐の対象となっている。例えば景行《けいこう》天皇の皇子である日本武尊《やまとたけるのみこと》は、毒気を放って人びとを苦しめていた吉備《きび》の穴済《あなのわたり》の神と難波《なにわ》の柏済《かしわのわたり》の神、信濃《しなの》坂の山の神をことごとく討伐している。ここでは、信濃坂の山の神についてて見てみよう。

東国の「暴神《あらぶるかみ》」と蝦夷《えみし》を平定すべく信濃国に入った日本武尊は、信濃と美濃《みの》の境の信濃坂（現在の神坂峠《みさか》）の山中で、白い鹿の姿であらわれた山の神に出会う。怪しく思った日本武尊が一箇蒜《ひとつひる》（ニラ・ニンニクの類）を投げつけると、それは目に当たって鹿を殺した。すると日本武尊は突然道がわからなくなり、山中をさまようことになった。その時、どこからともなくあらわれた白い犬に導かれ、美濃国に出ることができた。それまで信濃坂を越える者は、「神の気《いき》」にあたって病気になる者が多かったが、その後は蒜《ひる》を嚙《か》んでその汁を人や牛馬に塗れば、それを避けることができたという。

人を病気にし、あるいは山中で道に迷わせ、交通を妨害する存在。『日本書紀』に記された信濃坂の山の神は、峠や山道を越える者を激しい空腹感によって動けなくさせてしまう妖怪「ひだる神」や、道で行き遭う者を病気にする「行き遭い神」「みさき神」、あるいは人を道に迷わせる「まどわし神」など、後世にさまざまな名で伝えられる妖怪の特徴を備えている（そういえば、すべて「神」の名がついた妖怪だ）。柳田國男の「妖怪名彙」に取り上げられた「スネコスリ」や「ツチコロビ」「ヌリカベ」といったさまざまな「路上の怪」——夜道に現れ、人の通行を妨害する妖怪——と比べてみてもよいだろう。

いっぽう、吉備の穴済の神、難波の柏済の神は、「毒気《あしきけ》」を放って船で海を渡る人びとを苦しめていた神である（「済《わたり》」は「渡し」を意味する）。こちらは、船を止めたり沈めたりするという「船幽霊」や「あやかし」といった妖怪を想起させる。

だが、「妖怪名彙」の豊穣さは、ここにはみられない。これらは「穴済」「柏済」「信濃坂」といった地名を冠せられるだけで、その性質に見合った個別の名称で呼ばれてはいないのである。

『風土記』の「荒ぶる神」

『日本書紀』とほぼ同時期、和銅六年（七一三）の官命により編纂された『風土記《ふどき》』は、律令制上の行政単位である「国」ごとに、それぞれの産物や地名の由来、古老が伝える伝説などを記したものであったが、そこでは

『日本書紀』の「邪神《あしきかみ》」に相当する存在を「荒神《あらぶるかみ》」と表現している。『常陸国風土記《ひたちのくにふどき》』の「夜刀《やつ》の神」も、そうした「荒ぶる神」の一つであった。

継体《けいたい》天皇の時代（六世紀初め）、箭括《やはず》の氏の麻多智《またち》という人が常陸国行方郡《なめかたのこおり》（現茨城県行方《なめがた》市）の西の谷を新たに開墾しようとしたところ、「夜刀の神」が現れ、それを妨害した。麻多智は自ら矛をとってそれらを山の中に追い込み、山の口に標《しるし》の杖を立てて、そこより上は神の土地、下は人の土地とすることを宣言し、今後は祝《はふり》（祭祀者）となって「夜刀の神」を祀ることを約束した、という。

「夜刀の神」という名前は一見、固有名詞のようであるが、「ヤツ」もしくは「ヤト」とは谷をあらわす言葉で、要するに「谷の神」という意味である。これは麻多智が開墾しようとした谷を支配していた土地の主であった。そして「夜刀の神」は角のある蛇という異様な姿で、見る者は子孫が絶えて家が滅ぶという恐るべき祟《たた》りをなす存在でもあった。

祟る神

注意しておかなければならないのは、恐ろしい「祟り」をもたらすのは、「邪しき神」「荒ぶる神」と呼ばれる存在に限られたものではなかったということだ。「夜刀の神」が祭祀を受けて地域の神へとその性格を変えたことからもわかるように、「良い神」と「悪い神」という二種類の神がいるのではなく、それはあらゆる神が潜在的に抱え持っていた二面性であり、「祟り」は日本の神が本質的に帯びる属性の一つであった。

日本人の神に対する認識について、通時的にその変遷を追った佐藤弘夫によれば、古代日本の神とはそもそも「祟る神」であった。それは突発的かつ一方的にみずからの要求を伝え、従わなければ苛烈な災厄をもたらす、理不尽な存在であった〔佐藤　二〇〇〇〕。また国語学者の大野晋《すすむ》は、『万葉集』などに見られる「神」の用例を検討した上で、「神」は①雷、②虎・狼などの猛獣や妖怪、③山といったものを指す場合があるとし、それらの共通点として「超人間的な威力があるもの」「恐ろしいもの」であることを指摘している〔大野　二〇一三〕。雷や動物、山といったものは、人間が生きていく上でどうしても対峙しなくてはならない「自然」そのものであった。そうした「自然」への恐れ〔畏れ〕が具現化したものが、古代日本人にとっての「神」であったと見ることができるだろう。

鬼と神

ところで、『日本書紀』『風土記』には、「恐ろしい存在」として「神」と並び立つものがもう一つ記されている。「鬼」である。

『日本書紀』景行紀には、「山に邪神《あしきかみ》有り、郊《の》に姦鬼《かだましきもの》有り。衢《ちまた》に遮《さきぎ》り、径《みち》を塞《ふさ》ぎ、多《さは》に人を苦しびしむ」「即《すなは》ち言《こと》を巧《たく》みて暴神《あらぶるかみ》を調《ととの》へ、武《たけき》を振《ふる》ひて姦鬼《かだましきもの》を攘《はら》へ」などの記述がみられる。つまり「邪しき神」「荒ぶる神」と併記される存在として「姦《かだま》しき鬼《もの》」が言挙げされているのである。

また『出雲国風土記《いずものくにふどき》』には、大原郡阿用《あよ》の郷の地名伝承として、次のようなエピソードが記されている。

ある人が山の中を開き、田を作って住んでいた。そこに一つ目の「鬼」がやってきて、男を食った。男の両親は竹藪に隠れていたが、竹の葉が揺れて動いた。それを見た男は、鬼に食われながらも「動動《あよあよ》」（揺れていますよ）と警告した。そこから「阿欲《あよ》（阿用）」という地名が生まれたという。

榎村寛之によれば、この一つ目の「鬼」が現地で何と呼ばれていたか、実はわからないという〔榎村　二〇〇九〕。『風土記』の原文は漢文で書かれている。つまり、外国語（中国語）で記されているのである。『風土記』を編纂した当時の知識層は、いわば現地の伝承を外国語に「翻訳」しているわけで、伝承に語られた恐ろしい存在をここでは「鬼」と訳した、ととらえるべきであろう。ただし、中国語（漢字）の「鬼」は第一義的には死者の霊を指し、ここに描写された「人を食う怪物」とは齟齬《そご》が生じている。ここでの「鬼」は、むしろ「鬼神《きしん》」の意味で用いられていると考えられる。

「鬼」という漢字は、死者に似せた面をかぶった人の姿をかたどっており、転じて死者の霊をあらわしている。いっぽう「神」は本来「申」で、その形は稲妻をあらわしている。つまり「神」とは、雷のような自然の恐るべき力を象徴する神秘的存在をあらわす文字なのである。そして「鬼神」とは、本来はこうした死者の霊としての「鬼」と、自然霊としての「神」を並列させた言葉であったが、中国においては「鬼」と「神」との区別は曖昧で、両者を含めた広い意味での霊的存在を意味する言葉として、熟語的に用いられていた〔神塚　一九九七〕。

『日本書紀』および『風土記』にみられる「鬼」という表現は、こうした中国の「鬼神」という概念を承《う》けたものととらえるべきであろう。つまり、これらの「鬼」は、「神」とも入れ替え可能な、人間の力を超えた霊的存在をあらわしていると考えられる。

久禮旦雄は、この『出雲国風土記』の「鬼」の伝承を、『常陸国風土記』の「夜刀の神」の伝承と同型のものであると指摘している〔久禮　二〇一六〕。「夜刀の神」は谷の開墾という自然開発を妨害する存在としてあらわれるが、『出雲国風土記』の「鬼」も、「山田を佃《つく》」る人、すなわち山を開墾して田を作る人に危害を加えている。いずれも自然を開発して人の領域を広げようとする者の前に立ち塞がる存在であり、自然の脅威そのものを象徴する存在と解釈することができる。その意味でも、『出雲国風土記』の「鬼」と、『常陸国風土記』の「神」とは等価な存在なのである。

『日本霊異記』の「鬼」

弘仁《こうにん》十三年（八二二）ごろの成立とされる最古の仏教説話集『日《に》本霊異記《ほんりょういき》』（『日本国現報善悪霊異記』）には、「鬼」が登場する話が十二例ある。吉田一彦によれば、それらは中国の「鬼神」観念を承けたものと見ることができるという〔吉田　二〇一六〕。

中巻第三十三「女人の悪鬼に点《けが》されて食噉《くら》われし縁」は、「悪鬼」が人間の男に化けて女性を食い殺すという話だが、この「悪鬼」という表現は、「鬼神」の世界には人間界と同じく階層的な社会があり、高貴な鬼、善良な鬼もいれば、下層の鬼、悪い鬼もいるという中国の「鬼神」観が反映されていると吉田は指摘する。日本ではのちに「鬼」は強いマイナスのイメージを帯びるようになるのだが、『日本霊異記』の段階ではまだニュートラルな存在であった。この女性が食い殺された事件は、「神怪《しんげ》」（神の怪異）とも「鬼啖《きたん》」（鬼の食人）とも噂《うわさ》された、とされているが、ここにも「鬼」と「神」とが等価な存在であることが示されている。

また中巻第二十四「閻羅王《えんらおう》の使の鬼の、召さるる人の賂《まいない》を得て免《ゆる》しし縁」、第二十五

「閻羅王の使の鬼の、召さるる人の饗《あえ》を受けて、恩を報いし縁」には、閻羅王（閻魔王《えんまおう》）の使い（獄卒《ごくそつ》）として死者を冥界に連れていく「鬼」が登場する。これは冥界にも現世と同じような官僚組織があるとする中国の冥界観を踏襲したものである。この「鬼」は決して邪悪な存在ではなく、単なる「公務」として人間に病気や死をもたらす存在として描かれるばかりか、もてなしを受けたことで、なんとかその死の運命を免除してやろうとする人間臭さまで持ち合わせているのである。

『今昔物語集』の「鬼」

いっぽう、『日本霊異記』から約三百年のちの、十二世紀前半ごろの成立とされる説話集『今昔物語集《こんじやくものがたりしゆう》』では、「鬼」は第一に人を食う恐ろしい存在として描かれている。これは、本朝篇世俗部に属する巻第二十七、「霊鬼」の副題を帯びた巻（以下「霊鬼篇」と呼ぶ）において顕著である。

第七「在原業平《ありわらのなりひら》の中将の女、鬼に噉《く》らわるる語《こと》」、第八「内裏の松原にして鬼、人の形と成りて女を噉らう語」、第九「官の朝庁《あさまつりごと》に参る弁、鬼の為に噉らわるる語」は、いずれも人が「鬼」に食われる話である。ただ、これらの話のなかでは、「鬼」が実際に人を食う場面の描写はない。被害者の体の一部が後に残されていたというだけである。

第十二話「朱雀院《しゆじやくのいん》にして餌袋《えぶくろ》の菓子《くだもの》を取らるる語」では、衆人環視のもとに置かれていた餌袋のなかの果物がいつの間にかなくなっていた、という奇妙ではあるが些細な出来事までが「鬼」のしわざとされている。これにも「鬼」が姿をあらわすことはない。ただ事後的に「鬼ナムドノ取テケルニヤ候ラム」と推測されるだけだ。

「霊鬼篇」の「鬼」に関するエピソードはいずれもほぼ同様で、後から考えて「あれは鬼のしわざだった」と結論づける形で終わる。ここでの「鬼」は、日常的な思考では理解できない出来事にかりそめの意味を与える「概念」として機能していると言うことができる。

詳しくは後述するが、「霊鬼篇」には、「鬼」のほかにも「霊《りょう》」「精《たま》」「狐《きつね》」「野猪《くさいなぎ》」など、さまざまな怪異の主体（エージェント）が登場する。だが「鬼」は、それらのなかでもきわめて深刻な被害をもたらす恐ろしい存在とされているのである。『日本霊異記』の「鬼」は中国の「鬼神」に近いニュートラルな存在であったが、『今昔物語集』「霊鬼篇」の「鬼」は、完全に人間にとってマイナスの性質を持つものとなっているのである。

神観念の変容

九世紀の『日本霊異記』と十二世紀の『今昔物語集』の間、十世紀から十一世紀にかけては、「神」観念の大きな変容があったことが指摘されている。

上島亨は、平将門《たいらのまさかど》が朝廷に叛旗を翻した天慶《てんぎょう》の乱（九三九〜九四〇）がその契機であったとしている。天慶の乱では、その平定のために多くの神々に祈願がおこなわれ、乱の鎮圧後は、それに貢献したとされる神々の威光は以前にもまして高まることになった。しかしいっぽうで、反乱者たる将門もまた八幡神《はちまんしん》や天神《てんじん》（菅原道真《すがわらのみちざね》の霊）の託宣を受けたと主張しており、神は王権を護持することもあれば、敵対することもある二面性を持った存在であることがあらためて露見した。こうした二面性を持つ神々をコントロールすることが王権にとっての重要な課題となり、その結果、朝廷による祭祀の対象としての十六社（のちに二十二社）の制定、諸国の神々の台帳である『神名帳《じんみょうちょう》』の作成などを通じて、皇祖神たる天照大神《あまてらすおおみかみ》を頂点とした神祇秩序の再編成がおこなわれることになったのだという〔上島　二〇一二〕。

さらに上島は、天慶の乱後に「怪異（恠異《かいい》）」が多発しているという事実に注目し、そこに神と人間との関係の大きな変化を見ている〔上島　二〇〇四〕。「怪異（恠異）」とは、「日常的な理解を超えた不思議な出来事」を意味する現代語の怪異とは異なり、実際に古代・中世の史料のなかで「怪異（恠異）」と記される、特別な意味を帯びた用語であった。それは、王権にとっての危機が迫っていることを警告する出来事（凶兆）を意味した（以下、こちらの意味を帯びた怪異を「怪異」と鍵括弧つきで表記する）。

具体的には、神社や寺院、あるいは宮中で発生した何らかの異常な事態が「怪異」と見なされたが、その内実は、神殿や堂舎・仏像が音を立てて震動する「鳴動」、仏像や梵鐘《ぼんしょう》が汗をかく（結露）、動物の異常な行動、神木の枯死など、現代の観点からすれば容易に説明のつく、他愛のないものが多かった。しかしそれらの出来事がほかならぬ神社や寺院で発生したということが、当時の人びとにとっては異常で不吉なものととらえられたのだ。

こうした「怪異」はただちに朝廷に伝えられ、内裏紫宸殿《ししんでん》の東回廊（軒廊《こんろう》）で神祇官《じんぎかん》と陰陽寮《おんようりょう》によっておこなわれる卜占《ぼくせん》（軒廊御卜《こんろうのみうら》）を通じて、何の予兆であるのかの特定が試みられた。そして、それが示す凶事の発生を防ぐために、読経や奉幣《ほうべい》など神仏への働きかけがおこなわれた。つまり、王権にとって「怪異」の察知とその対処は、国家的な危機を未然に防ぐための、一種の危機管理のシステムだった（東アジア恠異学会　二〇〇九・二〇一二）。

ちょうど天慶の乱前後の十世紀を通じて、この「怪異」に基づく危機管理のシステムが確立されていくのだが、これは「神」がもはや一方的に「祟り」をもたらす存在ではなく、対話が可能な、より人間に近い存在へと性格を変えていったことを意味している。勝山清次によれば、この傾向がより顕著になるのは十一世紀前半から中葉にかけてのことで、軒廊御卜の回数が増加し、また内容としては、神社における「怪異」を占ったものが圧倒的に多くなっていった。この時期を経て、古代的な「祟る神」から人間の信仰に「応える神」へと、「神」の性格が変わっていったのだという〔勝山　二〇一四〕。

さらに十世紀から十二世紀にかけては、神仏習合の思想が発展し、日本の「神」は仏が衆生《しゆじよう》を救うための仮の姿だとする本地垂迹《ほんじすいじやく》説が成立を見た時期であった。「神」が実は慈悲深い仏であるとする考え方が主流になってくると、「荒ぶる神」「祟る神」のイメージはそぐわないものになってくる。このような流れのなかで、本来「神」があわせ持っていたはずのマイナスの側面、「荒ぶる神」「祟る神」としての側面が切り離され、固有の実存としてあらわれたのが「鬼」だったのではなかろうか。

さまざまなことが考えられるが、十世紀から十一世紀にかけて、大きな神観念の変容があったことは間違いがないようだ。「神」は人間の信仰に応えてくれる存在、慈悲深く人間たちを守ってくれる存在となり、本来の「神」が有していた恐ろしい側面は「鬼」へと引き継がれていった。九世紀の『日本霊異記』と十二世紀の『今昔物語集』の間には、そうした大きな転換が横たわっているのである。

『今昔物語集』の怪異の主体

『今昔物語集』の「霊鬼篇」は、当時、「神」や「鬼」のほかにも複数の怪異の主体が想定されていたことを伝えている。

表1は、『今昔物語集』の「霊鬼篇」に登場する怪異の主体についてまとめたものである。それらは、死者の霊魂である「霊《りょう》」、無生物の霊魂である「精《たま》」、人を化かす動物である「狐・野猪」、そして「鬼」、「神」の五種に大別することができる。森正人は、「霊鬼篇」には、さまざまな「超自然的存在」の物語を集成するばかりではなく、その世界を整理し、体系的に記述しようとする編者の思考が見られると述べている。それは「超自然的存在に特定の名辞を与え、分類し、配列する体系化への志向」であり、「超自然的存在」に対して人が取るべき方法を教えるという実用的な目的をそこに見いだすことができるという〔森　一九八六〕。いわば「霊鬼篇」は、『今昔物語集』の時代、十二世紀前半における神秘的存在のレパートリーを提示し、それらの基本的性質と、対処の方法を示した一種の先例集と見なすことができるのではないだろうか。建長六年（一二五四）の成立とされる説話集『古今著聞集《ここんちょもんじゅう》』は、九条家の随身《ずいじん》であった橘成季《たちばなのなりすえ》によって編まれたものとされるが、これは九条家が参照すべき先例・故実として集成された可能性が高いという〔久留島　二〇一八〕。『今昔物語集』の「霊鬼篇」にも、同様の性格を見い

表1 『今昔物語集』巻第二十七「本朝付霊鬼」（「霊鬼篇」）の怪異の主体

題　名	怪異の主体	怪　異　の　内　容
三條の東の洞院、鬼殿の霊の語第一	霊	度々よからぬ事あり
川原の院の融の左大臣の霊を宇陀の院見はし給へる語第二	融の左大臣の霊	死んだ融の左大臣の霊が現れる
桃薗の柱の穴より児の手を指し出て人を招きたる語第三	霊	柱の穴から子どもの手が出て人を招く
冷泉の院の東の洞院の僧都殿の霊の語第四	霊	赤い単衣が飛ぶ
冷泉の院の水の精、人の形と成りて捕へられたる語第五	水の精	水の精が三尺ばかりの翁の姿になって現れる
東の三條の銅の精、人の形と成りて掘り出されたる語第六	銅の提の精	銅の提の精が三尺ばかりの五位の者になって現れる
在原の業平の中将の女、鬼に噉はれたる語第七	鬼	鬼が女を食う
内裏の松原にして鬼、人の形と成りて女を噉める語第八	鬼	鬼が人の姿になって女を食う
官の朝庁に参りし弁、鬼の為に噉らはれたる語第九	鬼	鬼が人を食う
仁寿殿の台代の御燈油取りに物来たれる語第十	物	物が仁寿殿の台代の御燈油を盗む
或る所の膳部、善雄の伴大納言の霊を見ける語第十一	伴大納言の霊（行疫流行神）	咳病をはやらせる
朱雀院にして餌袋の菓子を取られたる語第十二	鬼	餌袋の中の果物を盗む
近江の国の安義の橋なる鬼、人を噉らへる語第十三	鬼	女に化けて橋の上に現れた鬼が人を食い殺す
東国より上りし人、鬼に値へる語第十四	鬼	空き家で鬼に出会う
産せる女、南山科に行き鬼に値ひて逃げたる語第十五	鬼	荒れた屋敷で鬼と覚しき嫗に出会う
正親の大夫、□□若き時に鬼に値へる語第十六	鬼	空き家で鬼に出会う
東の人、川原の院に宿りして妻を取られたる語第十七	鬼	空き家で鬼に出会う
鬼、板と現じ人の家に来たりて人を煞せる語第十八	鬼	鬼が木の板に化して人を押し殺す
鬼、油瓶の形と現じて人を煞せる語第十九	鬼あるいは物の気	鬼が油瓶に化して人を殺す
近江の国の生霊、京に来たりて人を煞せる語第二十	生霊	生霊が人を取り殺す
美濃の国の紀の遠助、女の霊に値ひて遂に死にたる語第廿一	霊	橋のたもとの女の霊に殺される
猟師の母、鬼と成りて子を噉らはむとせる語第廿二	鬼	年老いた母親が鬼になり子を食おうとする

幡磨の国の鬼、人の家に来たりて射られたる語第廿三	鬼	鬼が人の姿で現れる
人の妻、死にて後、旧の夫に会へる語第廿四	（前妻の死霊）	前妻の死霊と出会う
女、死せる夫の来たりしを見たる語第廿五	（夫の死霊）	夫の死霊と出会う
河内の禅師の牛、霊の為に借られたる語第廿六	佐大夫の霊	牛が神隠しに遭う
白井の君の銀の提、井に入りて取られたる語第廿七	霊	井戸に落とした銀の提が消え失せる
京極殿にして古歌を詠めし音有りたる語第廿八	物の霊	古歌を詠ずる声が聞こえる
雅通の中将の家に同じ形の乳母二人在りたる語第廿九	狐あるいは物の霊	同じ姿形の乳母が二人いる
幼き児護らむが為に枕上に蒔きし米に血付きたる語第三十	霊	五寸ばかりの馬に乗った五位の者が現れる
三善の清行の宰相、家に渡れる語第卅一	老狐	天井に無数の顔が現れる、一尺ばかりの馬に乗った者が現れる、牙の生えた三尺ばかりの女が現れる
民部の大夫の頼清の家の女子の語第卅二	狐	主人に化けた狐に欺かれて子を置き去りにする
西京の人、応天門の上に光る物を見たる語第卅三	狐	応天門の上に青い光物を見る
姓名を呼ばれて野猪を射顕したる語第卅四	野猪	林の中から姓名を呼ばれる
光有りて死にし人の傍らに来たれる野猪、煞されたる語第卅五	野猪	死者を安置した場所に怪しく光るものが現れる
幡磨の国の印南野にして野猪を煞したる語第卅六	野猪	葬送の幻を見せる
狐、大きなる榲の木に変じて射煞されたる語第卅七	狐	杉の大木に化ける
狐、女の形に変じて幡磨の安高に値ひたる語第卅八	狐	女に化ける
狐、人の妻の形と変じて家に来たれる語第卅九	狐	女に化ける
狐、人に託きて取られし玉を乞ひ返して恩を報ぜる語第四十	狐	人に取り憑く
高陽川の狐、女に変じて馬の尻に乗れる語第四十一	狐	女に化ける
左京の属の邦の利延、迷はし神に値へる語第四十二	迷神（狐）	道に迷わせる
頼光の郎等、平の季武、産せる女に値へる語第四十三	産女（狐あるいは女の霊）	子を抱かせる
鈴鹿の山を通りし三の人、知らざる堂に入りて宿りせる語第四十四	狐	天井に無数の顔が現れる
近衛の舎人、常陸の国の山中にして歌を詠ひて死にたる語第四十五	山神	歌を詠じた後に急死する

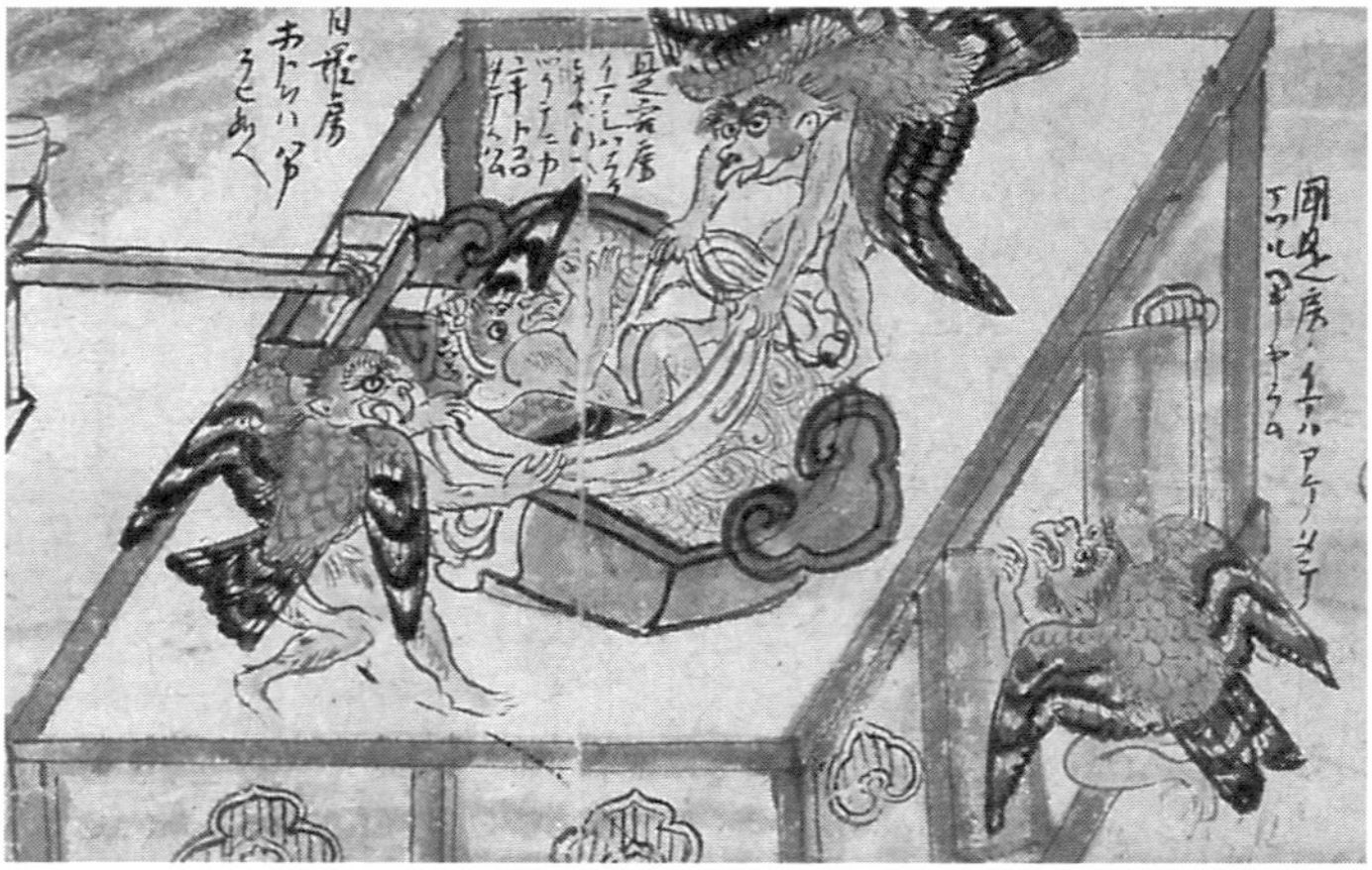

だすことは的外れではないだろう。

いっぽう、本朝篇仏法部に属する巻第二十には、「天狗《てんぐ》」に関するエピソードが多く紹介されている。「天狗」は、現在では長大な鼻を持った山伏《やまぶし》のような姿の妖怪として知られているが、もともとは中国の妖怪で、流星もしくは隕石から想像された怪物であった。隕石は大気圏を落下する際に衝撃波を発生するが、それにより生じる轟音《ごうおん》が犬の吠える声に聞こえたため、天の「狗《いぬ》」、すなわち「天狗」と名づけられたのである〔杉原　二〇〇七〕。

もっとも、『今昔物語集』巻第二十で語られる「天狗」は、もっぱら仏法をさまたげる存在として描かれている。第一「天竺《てんじく》の天狗、

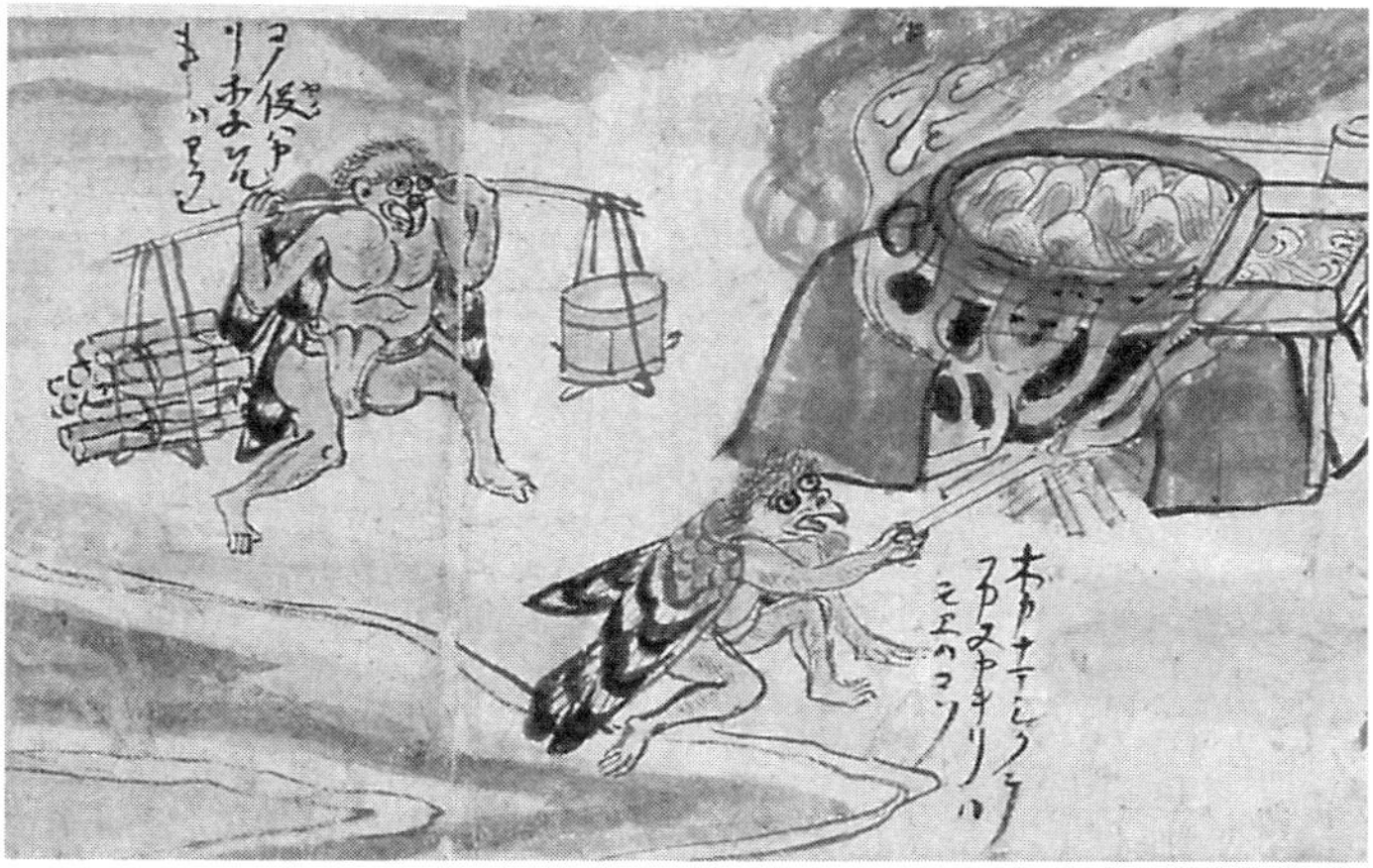

図1　是害房絵（14世紀，曼殊院蔵）

海の水の音を聞きて此の朝に渡れる語」、第二「震旦《しんたん》の天狗智羅永寿《ちらようじゅ》、此の朝に渡れる語」は、異国の天狗が日本にやって来て、僧侶の修行をさまたげようとする話で、とりわけ後者のエピソードは、のちに絵巻『是害房《ぜがいぼう》絵《え》』（図1）や、謡曲『善界《ぜがい》』、古浄瑠璃『愛宕《あたご》の本地』などを通じてよく知られることになる。

　こうした仏法に敵対する存在としての「天狗」は、仏典に登場する「魔」のイメージが重ねられたものと考えられる。「魔」とはサンスクリット語のマーラの音訳「魔羅」が略されたもので、釈迦《しゃか》が菩提樹《ぼだいじゅ》の下で悟りを開こうとした時、それを妨害しようとした存在である。『今昔物語集』の文中でも天狗を

「魔縁《まえん》」とも表現しており、「魔」と「天狗」が重ね合わされていることがわかる。『今昔物語集』において、「天狗」が世俗部に属する巻第二十七「霊鬼篇」ではなく、仏法部に属する巻第二十で扱われているのは、「反仏法的存在」という形で、逆説的に仏法とかかわる存在であったためであった。

なお、現在の鼻高の「天狗」イメージは十五世紀以降に広まったもので、中世までの日本では、もっぱら鳶《とび》のような姿の妖怪とされていた。『今昔物語集』に登場する「天狗」もまた、そのイメージを踏まえたものとなっている。

鬼か神か狐か木魂か

『源氏物語』第五十三帖「手習《てならい》」には、入水自殺をはかったヒロイン、浮《うき》舟《ふね》を変化《へんげ》の物と思い込んだ横川《よかわ》の僧都《そうず》らが、「鬼か、神か、狐か、木魂《こだま》か。かばかりの、天《あめ》の下の験者《げむざ》のおはしますには、え隠れたてまつらじ（これほどの著名な験者がいらっしゃるからには、正体を隠していることはできないぞ）。名のり給へ〳〵」と問いかける場面がある。変化の物、つまり「妖怪」に対峙するにあたって、その「名」を特定することが何より先におこなわれるべきであったことが、この『源氏物語』の描写からわかる。

ここに挙がっている「鬼」「神」「狐」「木魂（樹木の精霊）」そして「もののけ（人に憑《つ》

く霊)」「天狗」が、『源氏物語』における「妖怪」のレパートリー、すなわち『源氏物語』が成立した十世紀末から十一世紀初頭にかけての「妖怪」のレパートリーであった。それは十二世紀前半の『今昔物語集』とほぼ同様のものであったといえる。

こうした「妖怪」のレパートリーのなかからその正体を特定することが問題解決の第一歩であったが、生じた怪異から、原因となった神秘的存在を特定することは、陰陽師《おんようじ》の占断などによらない限りは難しかったようである。例えば「霊鬼篇」第二十九「雅通《まさみち》の中将の家に同じ形の乳母《めのと》二人在る語」では、同じ姿の人間が二人いるという怪異が語られるが、これは狐のしわざか、「物ノ霊《りよう》」であったのか、ついにわからないまま終わっている。

しかし、結果から逆算して、怪異の主体をある程度類推することはできたようだ。「霊鬼篇」第三十二「民部の大夫頼清《たいふよりきよ》の家の女子《おむなご》の語」では、民部大夫頼清の下女が主人の妻に化けた者の家に子どもを置いてきてしまうが、子どもは荒野で一人泣いているところを無事発見される。「此レヲ思フニ、狐ナドノ所為ニコソ有《あん》メレ」と人びとは語り合ったが、それは子どもが無事に帰ってきたからであった。

第四十四「鈴鹿山を通る三人、知らざる堂に入りて宿る語」では、「鬼」が棲《す》むと噂される古い堂に宿を取ることになった三人の若者がさまざまな怪異に遭遇するが、臆することなく夜を明かし、最後は無事に旅立っていく。この話の結びでは、怪異は狐のしわざであったのだろうとの推測が付け加えられ、「実《まこと》ノ鬼ナラムニハ其ノ庭ニモ後也トモ平《たいら》カニハ有《あり》ナムヤ（本当の鬼であったなら、その場においても、また後々においても無事では済んでいなかっただろう）」と述べられている。つまり、人の命が失われるような深刻な結果にならなかったのは、「鬼」ではなく「狐」であったからだというのである。

第三十四「姓名《しょうみょう》を呼ばれて野猪《くさいなぎ》を射顕わす語」では、猟師の男が夜に狩りをしている時に林のなかから得体の知れないものに名前を呼びかけられたが、弟が行ってみると兄の名前で呼びかけられたので、「実《まこと》ノ鬼神《おにがみ》」ではないと判断し、矢で射たところ、それは大きな「野猪」であった。この話のように、「野猪」は「鬼」のふりをしてさまざまな怪異をあらわすが、最後には殺されてしまう、というパターンの話が多い。第三十五「光有りて死人の傍《かたわら》に来たる野猪の殺さるる語」、第三十六「幡磨国《はりまのくに》の印南野《いなみの》にして野猪を殺す語」は、いずれも死者のいる場所にあらわれた怪しいものを、はじめは「鬼」ではないかと疑うが、意を決して刀で斬りつけたところ、「野猪」だったことがわかる、という話である。また、巻第二十第十三「愛宕護《あたご》の山の聖人《しょうにん》、野猪に謀《たばか》られたる語」は、普賢菩《ふげんぼ》薩《さつ》の姿に化けて聖人をたぶらかそうとした「野猪」が、猟師に射られて正体をあらわすという話である。このように、「野猪」は怪異をひき起こす存在としてはやや間の抜けたものとして描かれている。

なお、「野猪」とは、猪ではなく狸《たぬき》のことだともいう。ほぼ同様の話が、『今昔物語集』と共通の祖本から派生したとされる十三世紀初期の『宇治拾遺物語《うじしゅういものがたり》』に見えるが（巻八ノ六「猟師ほとけを射る事」）、そこでは普賢菩薩に化けていたのは狸になっている。

このように、怪異の主体が何であるかということは、その結果に重大な影響をもたらした。それゆえに、怪異の主体の特定は重要な意味を持っていたのである。

名づけの不在

ところで、読者の方々はそろそろお気づきなのではないだろうか。平安時代には、怪異の主体として「神」「鬼」「霊」「狐」「野猪」「狸」「天狗」「木魂」など、さまざまなものが想定されていたが、逆に言えば、これぐらいしかレパートリーがなかったのである。

『今昔物語集』の「霊鬼篇」には、実に個性的な怪異の数々が記されている。例えば、柱の穴から人を招く子どもの手（第三「桃薗の柱の穴より指し出る児《ちご》の手人を招く語」）。ひとりでに飛ぶ赤い単衣《ひとえ》（第四「冷泉院《れいぜいのいん》の東の洞院《とういん》の僧都殿《そうずどの》の霊《りよう》の語」）。人を押し殺す空飛ぶ板（第十八「鬼、板と現じ、人の家に来たりて人を殺す語」）。踊り歩く油瓶《あぶらがめ》（第十九「鬼、

油瓶の形と現じて人を殺す語」）。天井の格子に生じる無数の顔（第三十一「三善清行《みよしのきよつら》の宰相

の家渡《いえわたり》の語」、第四十四話「鈴鹿山を通る三人、知らざる堂に入りて宿る語」）。青く光る怪火（第三十三「西の京の人、応天門の上に光る物を見る語」）。山中で人の名前を呼ぶ怪（第三十四「姓名を呼ばれて野猪を射顕わす語」）。これらが現代の「妖怪図鑑」などに描かれるならば、それぞれ何かそれらしい名前がつけられていてもおかしくないだろう。だが『今昔物語集』では、これらに個別の名前が与えられることはない。ただ「霊」や「鬼」「狐」「野猪」のしわざと語られるだけだ。

　つまり、個別の怪異に異なる名称がつけられるのではなく、さまざまな怪異をひき起こすとされるいくつかの限られた存在に、そのほとんどが還元されていたのである。重要なのは個別の怪異のあらわれ方ではなく、何が怪異をひき起こしているか、だったからだ。

『今昔物語集』から百年ほど後の、『古今著聞集』の第二十七篇（「変化」と題されている）にも、多くの怪異が記されている。表2にその怪異の主体を挙げておいたが、内裏の武徳殿《ぶとくでん》の東の松原で女房が食い殺されるという事件や、夜中に聞こえた騒動の声、宮中に残された謎の足跡、そして宮中で見かけた謎の人物などが「鬼」のしわざとされ、神隠しや僧侶が出会う怪異は「天狗」、土器《かわらけ》の破片や礫《つぶて》が降り注ぐといった怪現象、老婆の顔の

表2　『古今著聞集』第二十七「変化」の怪異

題名	怪異の主体	怪異の内容
五八八　変化は千変万化して人心を惑はせども其信を取難き事		
五八九　仁和三年八月武徳殿の東松原に変化の者出づる事	鬼・物	女房が食い殺される・夜中に騒動の声
五九〇　延長七年四月宮中に鬼の足跡の事	鬼	宮中に鬼の足跡
五九一　延長八年六月右近の陣に変化の事	鬼	見知らぬ人が現れて消え失せる
五九二　延長八年七月下野長用殿富門武徳殿の間にて鬼神と出会の事	鬼神(神鬼)	見知らぬ貴人に会う・百余りの火を見る
五九三　承平元年六月弘徽殿の東欄に変化の事	鬼	衣冠を着けた鬼が現れる・人馬の声が聞こえる
五九四　天慶八年八月群馬の音の事幷びに鬼の足跡等怪異の事	鬼	人馬の音が聞こえる・鬼の足跡
五九五　二七日の秘法に依りて琵琶玄象顕はるる事	鬼	玄象の琵琶が盗まれる
五九六　水餓鬼五宮の御室に現はるる事	餓鬼	餓鬼が水を乞う
五九七　久安四年夏法勝寺の塔上にして天狗詠歌の事	天狗	法勝寺の塔の上で天狗が歌を詠む
五九八　二條院御時南殿に変化の事	ばけ物	後ろから首を押される
五九九　承安元年七月伊豆国奥島に鬼の船着く事	鬼	島に鬼が漂着し島の人間を殺す
六〇〇　東大寺の春舜房上醍醐にして天狗に浚はるる事	天狗	僧がさらわれる
六〇一　近江守仲兼東寺辺にして僧形の変化に出会の事	(変化)	召し使っていた法師に化けた変化に襲われる
六〇二　庄田頼度八條殿の変化を縛する事	狸	土器の破片を投げかける
六〇三　薩摩守仲俊水無瀬山中古池の変化を捕ふる事	狸	老婆の顔のある光物
六〇四　大原の唯蓮房法験に依りて天狗の難を遁るる事	天狗	僧がさらわれる
六〇五　御湯殿の女官高倉が子あこ法師失踪の事	不明	子どもが神隠しに遭う
六〇六　大納言泰通狐狩を催さんとするに老狐夢枕に立つ事	狐	夢の中で狐狩りを思いとどまるよう懇願する
六〇七　齋藤助康丹波国へ下向し古狸を生捕る事	狸	大きな法師に化けて顔を撫でる
六〇八　三條前右大臣実親の白川亭に古狸飛礫を打つ事	狸	飛礫を打つ
六〇九　観教法印が嵯峨山庄の飼唐猫変化の事	猫(魔の変化)	守り刀を奪う
六一〇　仁治三年大嘗会に外記庁内の麴木の梢に臥せる法師の事	天狗	僧がさらわれる
六一一　伊勢国書生庄の法師上洛の帰途天狗に逢ふ事	天狗	僧がさらわれる

光物《ひかりもの》や大坊主などの化け物は「狸」のしわざとされている。怪異の主体のレパートリーは『今昔物語集』とほぼ変わらないと言っていい。例えばここで「狸」のしわざとされた怪異は、のちの時代であれば「砂かけ婆」「姥《うば》が火《ひ》」「見越し入道」などと名前がつけられる類のものであろう。だが、やはり個別の名づけはおこなわれていないのである。

人倒す蝦蟆

『今昔物語集』には、少ないながらも個別の名称を与えられた怪異も記されている。例えば「霊鬼篇」第四十二「左京属邦利延《さきようのさかんくにのとしのぶ》、迷《まど》わし神に値《あ》う語」に語られる「迷わし神」。これに憑かれると、道に迷い、同じところをぐるぐると巡り続ける羽目になる。また第四十三「頼光の郎等平季武《ろうどうたいらのすえたけ》、産女《うぶめ》に値う語」の「産女」。これは夜の渡し場に現れて赤子を抱かそうとする怪である。これらには怪異の内容にあわせた個別の名前がついているが、いっぽうでその正体はいずれも「狐」であるとも語られている。やはり最終的には、限られた怪異のエージェントのいずれかに還元されてしまうのだ。

その点で異彩を放っているのは、『今昔物語集』巻第二十八第四十一「近衛《このえ》の御門《みかど》に人を倒《たふ》せる蝦蟆《かば》の語」に登場する「人倒す蝦蟆」である。これは大内裏の東側の門の一つ、近衛の御門（陽明門《ようめいもん》）に現れるという大きなガマガエルで、夕暮れ時になると平らな石のような形に擬態して、踏む者を転ばせていたという。わかっていながらもなぜか何度も転んでしまう者が後を絶たず、そのことをつねづね馬鹿にしていた学生《がくしょう》が、ある夜これに出会った。飛び越えてこれを避けようとした学生は烏帽子《えぼし》を落としてしまい、それを「人倒す蝦蟆」だと思い込んで散々に踏み壊す。

この話は「人倒す蝦蟆」の不思議さよりも、学生の愚かさに焦点を合わせた笑い話になっている。だが、この「人倒す蝦蟆」は、後世の「スネコスリ」や「ツチコロビ」のような、歩行を妨害する「道の怪」であり、十分に「妖怪」としての条件を満たしている。そのうえ、やや身も蓋もない命名ながら、「人倒す蝦蟆」という怪異の内容に即した個別の名前を与えられており、他の怪異の主体に還元されてもいない。「人倒す蝦蟆」は、ただ「人を倒す」ことに特化した怪異の主体――「妖怪」なのだ。

なぜ、この怪異には個別の名前が与えられたのだろうか。私にはその理由が「無害さ」にあるように思われる。石のように擬態するありさまといい、わかっていても何度も転んでしまう不思議さといい、この「人倒す蝦蟆」はあきらかに日常的な理解を超えた存在である（そんなガマガエルはいない）。だが、その被害はせいぜい「転ぶ」だけのことであった。そもそも何度も転ぶ者がいたということは、良かれ悪しかれこの怪異に人は慣れてしまっていたということを物語っている。「人倒す蝦蟆」とは、よく吠《ほ》える近所の犬や悪戯《いたずら》好きの野良猫などのように、厄介ではあるがなじみの存在につけた「あだ名」に近いものではなかったか。

この怪異の「無害さ」と名づけとの関係は、のちの議論において、大きな意味を持つようになるだろう。

怪鳥・人魂・光物——「怪異」としての妖怪

鎌倉時代前期の成立とされる『平家物語《へいけものがたり》』には、「鵺《ぬえ》」という名前で現在もよく知られている怪物が登場する。

名無しの怪物「鵺」

仁平《にんぺい》（一一五一〜五四）のころ、天皇が毎夜のように何かに怯《おび》え、気を失うことがあった。そこで、かつて源《みなもとのよしいえ》義家が鳴弦《めいげん》（魔除けのために弓弦を鳴らすこと）をおこなって同様の事態を収拾した先例に従い、源頼政《よりまさ》が「変化《へんげ》の物」の退治にあたることになった。頼政は御殿を覆った黒雲のなかに潜む「変化の物」をみごと射当て、家来の猪早太《いのはやた》がとどめを刺した。それは、頭は猿、胴体は狸、尾は蛇、手足は虎で、鳴く声は鵺に似た化け物であった、という。

『平家物語』のなかでは、この怪物はただ「変化の物」としか呼ばれていない。それは鳴く声が「鵺」（トラツグミという実在の鳥に比定されている）に似ているというだけの、名前のない怪物であった。

だが、『平家物語』の諸本のうち最も広く知られている「覚一本《かくいちぼん》」では、このエピソードに続けて、応保《おうほ》（一一六一～六三）のころ、頼政が二条院を悩ませていた「鵺といふ化《け》鳥《ちょう》」を射落とした、というエピソードが語られている。こちらは正真正銘の「鵺」であるが、鳴き声が不気味なだけのただの鳥であった。

これら二つのエピソードのうち、後者のほうがより原型に近いと見なされている（佐々木　二〇〇二・杉山　二〇一六）。鎌倉中期の説話集『十訓抄《じっきんしょう》』にも頼政の「鵺」退治の話が載るが、それもやはり鳥としての「鵺」であった。

実はこれと似たような出来事が歴史書に記録されている。寛弘《かんこう》三年（一〇〇六）十月十一日、一条天皇の御前に飛び込んだ山鳥を、天皇の警護をおこなう滝口《たきぐち》の武者であった紀《きの》宣輔《のぶすけ》がみごと射落として賞与を賜ったというのである（『日本紀略《にほんきりゃく》』）。高橋昌明はこの事例に則して、滝口や頼政のような大内守護《おおうちしゅご》（皇居の警護を担った者）が、暗殺や盗賊の侵入といった物理的な脅威ばかりでなく、魔除けとしての呪術的な役割を担っていたことを論じている〔高橋　二〇一八〕。山鳥が家のなかに入るのは凶兆とされていたが、それに対して「武」の呪力によって対抗しようとしたのがこの事例であるというのである。

『今昔物語集《こんじやくものがたりしゅう》』にも、春宮《とうぐう》（皇太子）の屋敷に入り込んだ狐を源頼光《よりみつ》が射殺すというエピソードがある（巻第二十五第六「春宮大進源頼光朝臣、狐を射たる語」）。内裏・宮中に動物が入り込むことは「怪異」、すなわち凶兆として恐れられた。また、宮中で「鵼」が鳴くこともまた「怪異」と見なされた。「鵼」すなわちトラツグミという鳥は、夜に「ヒョー」と寂しげな声で鳴く。それが平安時代になると不吉な前兆ととらえられ、「怪異」として陰陽師《おんようじ》に占わせたり、物忌《ものいみ》をおこなったりしたことが貴族の日記などに散見するようになる。こうした「怪異」に対しては、通常は卜占《ぼくせん》に基づく解釈を経て、読経や奉幣《ほうべい》などの宗教的な対処がおこなわれたが、ここに挙げた例のように武士たちが直接「怪異」たる動物たちを退治する、ということもあったのである。

平安時代末期には、「怪異」に直接対処する「百怪祭《ひやっかいさい》」という陰陽道の儀礼が新たに生み出され、とりわけ鎌倉時代にその事例の大半が見られる〔太田　二〇一二〕。この「百怪祭」によって対処される「怪異」には鳥にかかわるものが多く見られた。仁治《にんじ》元年（一二四〇）四月九日におこなわれた「百怪祭」は、その前日に鎌倉幕府三代執権北条泰時《しっけんほうじょうやすとき》の屋敷で「鵼鳴」があったことを「怪異」としておこなわれたものであった（『吾妻鏡《あずまかがみ》』）。弘長《こうちょう》三年（一二六三）五月十七日におこなわれた「百怪祭」は、北条時宗《ときむね》の屋敷に鷺《さぎ》が集まるという「怪異」に対しておこなわれたが、この時は同時に武田時隆に命じて鷺を射殺させている（『同』）。

このように、動物の「怪異」に対しては、卜占の対象とするばかりでなく、その動物自体を武士によって討伐させる、ということがあったのである。頼政の「鵼」退治もまた、本来はそうした出来事の一つだったのだろう。それに次第に尾ひれがつき、さまざまな動物を合成したありえない化け物を退治する話へと変貌していったと考えられる。

それはもはや鳥ですらない、単に声が「鵼」に似ているだけの、名前のない「変化の物」であったが、室町時代に世阿弥《ぜあみ》が『平家物語』を元にして作った能『鵺《ぬえ》』のなかではじめて明確に「ヌエ」と呼ばれ、その影響でこの怪物が「ヌエ」の名で知られるようになっていったとされる〔岩崎　二〇一八〕。能は、不特定多数の人びとに同じ情報を伝達するという意味で、当時のマスメディアであった。これは、妖怪の名称の生成と普及にメディアが大きな役割を果たす江戸時代の状況を先取りしたものと見ることができるだろう。

『太平記』の「怪鳥」

鎌倉幕府の滅亡、そして南北朝の動乱を語る軍記物語『太平記《たいへいき》』にも、怪しい鳥の怪物を弓の名手が射落としたというエピソードが語られている。

鎌倉幕府の滅亡の後、建武《けんむ》元年（一三三四）より後醍醐《ごだいご》天皇による親政、いわゆる「建武の新政」がはじまるが、疫病の流行によって多くの死者が出て、その船出は暗雲に包まれていた。加えて、秋のころより紫宸殿《ししんでん》の上に「怪鳥《けちょう》」が現れ、「いつまで、いつまで」と鳴いて人びとを恐れさせた。そこで、源頼政が鵺を射落とした先例にならい、弓の名手隠岐次郎左衛門広有《おきのじろうざえもんひろあり》に怪鳥を射させることとなった。広有は期待にこたえ、みごと怪鳥を射落とすが、その姿は、頭は人のごとく、体は蛇の形で、羽を広げてみれば長さ一丈六尺（約四メートル八〇センチ）にも及ぶ恐ろしげなものであったという。

「怪鳥」の鳴き声「いつまで、いつまで」は、天皇の親政がいつまで続くのか、ということを問いかけるような、不穏なニュアンスを帯びたものだった。すなわち、凶兆としての「怪異」の意味合いを、そこに見いだすことができよう。すでにいくつかの例を見てきたように、鳥の鳴き声や行動が「怪異」とされる事例は多い。鎌倉時代には、「鷺祭」という鷺の「怪異」に対処する独自の儀礼が、幕府専属の陰陽師たちによって生み出されて

図2　以津真天（『今昔画図続百鬼』）

いる〔山田　二〇〇九〕。鳥はその多彩な鳴き声や、建物のなかなどに突然飛び込んでくるといった性質が、「怪異」と見なされやすかったのだろう。『太平記』の「怪鳥」も、本来はその鳴き声の不吉さゆえに「怪異」とされたのであろうが、『平家物語』の「鵺」と同様に、語りのなかで尾ひれがつき、人面蛇身の怪物《キメラ》となっていったものと考えられる。

この怪物もまた単に「怪鳥」と呼ばれるだけで、特別な名前をもたない存在であったことに注目したい。ずっと後、江戸時代中期の安永八年（一七七九）に刊行された鳥山石燕《とりやませきえん》の妖怪絵本『今昔《こんじゃく》画図《がず》続《しょく》百鬼《ひゃっき》』では、この『太平記』の「怪鳥」に「以津真天《いつまで》」（図2）という名前が与えられている。江戸時代の人びとは、この怪物を無名のまま放っておかなかった。そこに中世と近世のあいだにある感覚の違いを見いだすことができよう。

日記のなかの「怪異」

『太平記』はあくまで物語であり、この「いつまで、いつまで」と鳴く「怪鳥」の噂話が当時実際にあったものかどうかは確認することができない。だが、後花園《ごはなぞの》天皇の実父である伏見宮貞成《ふしみのみやさだふさ》親王が書き残した『看聞日記《かんもんにっき》』の応永二十三年（一四一六）四月二十五日の条には、北野天満宮《きたのてんまんぐう》に大竹を押しつぶすような声で鳴く「怪鳥」が現れた、という記事が見える。この「怪鳥」は参詣の者を恐れさせたので、天満宮の社僧が弓矢で射落としたところ、頭は猫、体は鶏、尾は蛇という怪物だった。このことは室町幕府第四代将軍であった足利義持《よしもち》にも報告され、「怪鳥」を射落とした社僧は褒美として練絹《ねりぎぬ》と太刀一振りを与えられた。「怪鳥」の死骸は川に流されたという。まるで「鵺」の物語の焼き直しのようだが、このような話が、風聞とはいえ当時の記録に書き留められているのである。

室町時代の公家や僧侶の日記などには、こうした「怪異」がおびただしく記されている。古代には『日本後紀《にほんこうき》』や『日本三代実録《にほんさんだいじつろく》』などの六国史《りっこくし》、鎌倉時代には『吾妻鏡』といった公的な歴史書に「怪異」が記録された。それはどのような「怪異」が、どのような災いの予兆であったかを後世の政務担当者に先例として残しておくためで、国家の危機管理の一環であったといえよう。ところが、こうした公的な歴史書の編纂は切れ目なくおこなわれたわけではなかった。むしろそうしたものを持たない期間のほうが長かったのである。そのあいだを埋めるものとしてあったのが、朝廷や有力寺社でなんらかの役職についていた者が書き残した日記であった。日記といっても、現在の人びとが思い浮かべるような、プライベートなことを書き記したものではない。それは職務をおこなうなかで遭遇した出来事を、後任の者が参照できるように記録した一種の先例集であって、その意味で公的な歴史書の代わりとなるものであった。そして「怪異」もまた、後世の人びとが先例として参照できるように、克明に記録されたのである。

ただし、室町時代の公家や僧侶たちの日記に記された「怪異」は、古代のそれとはやや異なるものとなっていた。古代においては、みだりに「怪異」を語ることは禁じられ、それを朝廷に上申できるのは有力寺社に限られていた。「怪異」は国家によって厳密に管理されていたのである。ところが、日記類には寺社が発信していない、風聞として語られた「怪異」がおびただしく記されている。これは、「どのようなことが起これば怪異か」という知識が社会に蓄積され、共有されるようになった結果であった。人びとは国家による判断（軒廊《こんろうの》御卜《みうら》）を待たず、それぞれが参照する先例にしたがって、私的に「怪異」の憶測をおこなうようになっていたのである〔高谷　二〇一六〕。

『看聞日記』には、とりわけ多くの「怪異」記事を見ることができる。そのなかでも特に「妖怪」的な存在が登場するものについてまとめたのが表3である。

『看聞日記』の「怪異」

ざっと見渡してまず気づくのは、「怪異」の主体として、やはり『今昔物語集』以来の「天狗」「鬼」「狐」「狸」「怨霊」などが見られるという点である。ただ、「天狗（天魔）」がとりわけ多く見られるのは、室町時代の特徴と言えるだろう。『今昔物語集』や『古今著聞集《ここんちょもんじゅう》』では、「鬼」が怪異のオールマイティとして大きな存在感を示していたが、室町時代には「鬼」の話は一転して少なくなり、代わって「天狗」がその役割を果たすようになったのである。いっぽう、正体がわからない不思議な存在については「はけ物（化物）」「妖物」「変化（の物）」などと記されている。これらは今なら「妖怪」と呼ばれるものであろう。

これらのすべてが何らかの予兆ととらえられたわけではないが、その出現はのちの凶事と結びつけて語られる可能性を秘めており、だからこそ日記のなかに書き留められたと考えられる。応永三十二年（一四二五）二月二十八日の条には、室町幕府第五代将軍足利義量《よしかず》が十九歳の若さで亡くなったことが記されているが、その直前にさまざまな「怪異」の

表3　『看聞日記』に登場する「妖怪」

№.	年代	妖怪(怪異の主体)	怪異の内容(凶兆としての意味)
1	応永23年(一四一六)1月9日	天狗(天魔)	北山大塔炎上
2	4月25日	恠鳥	北野社で鳴く(「諸社諸寺恠異」の一つか)
3	11月24日	人魂	火葬の最中に人魂が飛ぶ(治仁王の死の予兆)
4	応永24年(一四一七)5月8日	古狸	古狸が女に化けて酒を飲む
5	閏5月2日	白龍	宇治川から白龍が昇天する
6	応永25年(一四一八)2月16日	狐狸	奇女出現
7	3月24日	はけ物	化物出没
8	10月2日	はけ物(半人)	下半身のない半人が禁中に現れる
9	応永26年(一四一九)3月5日	狐	狐憑き
10	7月2日	龍	宇治川から龍が昇天する
11	11月17日	鬼	人を傷つけ、見る者は死ぬ
12	応永27年(一四二〇)6月27日	天狗	菖蒲を逆に葺く
13	9月11日	狐	将軍に狐を憑けたかどで医師と陰陽師が捕縛される
14	12月13日	光物	北から南に飛ぶ
15	応永28年(一四二一)2月30日	火車または火柱	火炎が燃え出し、病人が多く出る
16	7月11日	蒙古の怨霊	疫病をはやらせる
17	10月28日	天狗	清水坂で群衆が圧死
18	応永31年(一四二四)6月15日	恠鳥	細川満元の館にさまざまな形の恠鳥が出現
19	6月23日	光物	北野社の宝殿から光物が南に飛ぶ
20	応永32年(一四二五)1月中旬	天狗	天狗の囃子(第五代将軍足利義量の死)
21	3月2日	天狗または野干	神祇官に無数の松明と笑い声
22	3月15日	天狗・はけ物	洛中に天狗・化物が横行

23	4月23日	天狗	後円融院が天狗になったという風聞
24	5月6日	鬼または蛛	壬生閻魔堂の柱の中から現れた女房が人を食う
25	7月24日	人魂	内裏に人魂出現
26	7月27日	変化尼・亀（霊石の祟り）	称光天皇が便所で化物を見る
27	8月15日	天魔	神人が切腹（恠異）
28	永享4年（一四三二）2月20日	狐	狐憑き
29	7月12日	龍	八幡山から龍昇天
30	永享5年（一四三三）2月17日	狐	狐憑き
31	4月24日	光物	松明を振るような光物が西の空に現れる
32	6月2日	天魔	祇園社の仮屋が辻風で倒壊
33	7月19日	天魔	高野山炎上
34	永享6年（一四三四）3月20日	天魔	六角堂等霊地の炎上
35	永享7年（一四三五）7月9日	龍	淀・鳥羽の辺りから龍二頭が昇天
36	8月24日	光物	彗星のような星が現れる
37	永享8年（一四三六）3月6日	天狗（天魔）	愛宕山の火打が紛失、相国寺の廊下が大風で倒壊（火災の前兆）
38	3月7日	天狗	相国寺の僧堂が破損（恠異）
39	3月23日	天狗	行蔵庵の喝食が庵に放火
40	11月8日	天変（光物）	光物が飛び、震動がある（11月29日の大伽藍古所炎上の凶兆）
41	11月9日	光物	光の中に顔・体のある光物（11月29日の大伽藍古所炎上の凶兆）
42	11月29日	天魔	雲狐寺・八坂塔・双林寺炎上
43	永享9年（一四三七）11月2日	天狗	足利義教の邪気
44	永享10年（一四三八）2月6日	変化之物	室町御所で女中の髪や小袖が切られる
45	3月4日	光物	西から東に飛ぶ
46	永享13年（一四四一）2月12日	天魔野干（天狗・狐）	舎利の出現（「吉凶之間不審」）

47	嘉吉元年(一四四一)2月27日	妖物	一条戻橋東詰で夜な夜な囃子物(「拍詞凶事を申」)
48	6月6日	龍	賀茂から龍が昇天
49	6月15日	光物	大きな光物が一条室町の辺りを飛ぶ
50	嘉吉3年(一四四三)2月23日	光物	八幡の宝殿から二つの光物が飛び出す
51	7月18日	一色・赤松等(の怨霊)	七代将軍足利義勝の邪気
52	8月7日	一色の怨霊	七代将軍足利義勝の死
53	8月10日	妖物	室町殿に七尺の女房・大入道が出現、大勢の人の声や家鳴り(恠異か)
54	9月13日	狐(野干)	狐が女に化けて御所を徘徊

風聞・巷説《こうせつ》があったことを貞成は記す。そのなかに「正月中旬ごろ、天狗が囃《はや》し物をして夜な夜な狂い騒いだ」というものがあった。「天狗」の出現が将軍の死の凶兆ととらえられているのである。

嘉吉《かきつ》元年（一四四一）二月二十七日の条にも、こうした夜の囃子の「怪異」が記されている。京の一条戻橋《いちじょうもどりばし》の東詰《ひがしづめ》で夜な夜な囃し物をする者があり、管領《かんれい》の細川持之《もちゆき》が人を遣わして確かめようとしたところ、忽然《こつぜん》と消え失せた。これは「妖物」のしわざとされたが、その囃し言葉が凶事を示していたことから、将軍足利義教《よしのり》への注進が行われたという。この年の六月二十四日、播磨《はりま》守護赤松満祐《みつすけ》により義教が暗殺され、いわゆる「嘉吉の乱」が勃発していることを考え合わせると、これは応永三十二年の時と同様に、将軍の死の予兆としてとらえられたことが推測されるのである。
『太平記』には、鎌倉幕府第十四代執権北条高時《たかとき》の前に田楽法師《でんがくほうし》に化けた「天狗」が現れ、「天王寺ノヤ、ヨウレボシヲ見バヤ」という不吉な囃し言葉を唱えながら舞い踊る場面がある。「ヨウレボシ」とは天下が乱れようとする時に現れる「妖霊星《ようれいぼし》」という悪星と解され、この囃し言葉は、やがて楠木正成《くすのきまさしげ》が天王寺を足掛かりに挙兵し、幕府を滅ぼすことを暗示するものであったことがわかる。『看聞日記』に記された二つの「夜の囃子」は、まさにこの『太平記』のエピソードをなぞるようなものであったと言えよう。

「怪異」としての妖怪

また、嘉吉三年（一四四三）八月十日の条には、室町御所に「七尺（約二・一メートル）ばかりの女房」や「大入道」などの「妖物」が現れ、また大勢の人の話し声が聞こえる、「家鳴り」がするといった怪現象が発生したことが記されている。その後も「妖物」どもの跳梁《ちょうりょう》は続き、女房たちはみな八代将軍足利義政《よしまさ》の住む烏丸《からすま》第に移ってしまった。陰陽寮《おんようりょう》による占いの結果、室町御所に戻ることは不可とされ、御所の新造が決定したという。

この室町御所の「妖物」騒動の直前、「恠異《かいい》」が連続して起こっていたことが『看聞日記』には記されている。八月七日の条によれば、石清水八幡宮《いわしみずはちまんぐう》で蛇が死んでいたり、風もないのに大木が倒れたりする「恠異」があり、天には二つの星が接近して現れる「合」が見られ、守護大名山名宗全《やまなそうぜん》の屋敷では、厩《うまや》の馬がものを言うといった「恠」があった。常在光院《じょうざいこういん》には足利義教に謀殺された一色義貫《いっしきよしつら》の亡霊が現れて食を乞い、忽然と消え去った。八月十日の「妖物」騒動の記事の直前には、八幡宮の「怪異」と二星の合に関して神《じん》祇官《ぎかん》の卜占がおこなわれ、炎旱《えんかん》（日照り）、火事、病事、兵革の凶兆であるとして「御慎」（物忌）が要請されたことが記されている。その文脈からすれば、室町御所の「妖物」騒動もまた一連の「怪異」の一つとしてとらえることができるだろう。

　このように、室町時代においては、妖怪の出現が何らかの凶兆――「怪異」とされることがあった。西山克によれば、これは十四世紀以降の「怪異」の変質によって生じた新たな傾向であるという（西山　二〇〇八）。

　先に述べたように、「怪異」と卜占（軒廊御卜）によるその判定は、国家権力にとっての危機管理のシステムであった。ところが南北朝の内乱を経て、安定的な社会を前提として構築されていた「怪異」に基づく危機管理のシステムは形骸化していった（西岡　二〇〇二）。いっぽうで、「怪異」に関して蓄積された知識は社会へと拡散していき、かつては国家によって厳重に管理されていた「怪異」は、誰もが恣意的に語ることができるものとなっていったのである。こうした「怪異」はもはや国家によって収拾されることはなく、ただ不吉な予感だけを社会に振りまくものとなっていた。このようななかで、妖怪たちの出現は、卜占による判断を待つことなくやすやすと「怪異」として語られたのである。

凶兆としての「人魂」

『看聞日記』に見える「妖怪」（怪異の主体）のなかでも、とりわけ「怪鳥」「人魂《ひとだま》」「光物《ひかりもの》」は凶兆としての性格が色濃く、「天狗」と並んで室町時代に特徴的な「妖怪」であると言うことができる。「怪鳥」についてはすでに触れたので、ここでは「人魂」と「光物」について見ておこう。

『看聞日記』応永二十三年（一四一六）十一月二十四日の条に、筆者である貞成親王の父栄仁《よしひと》王の火葬の最中に「人魂」が飛んだという記事がある。現在では、「人魂」は死者の魂というイメージが強く、この「人魂」も亡くなった栄仁王の霊魂ではないかと思われるかもしれないが、中世においては、「人魂」は「死んだ人の魂」ではなく「これから死ぬかもしれない人の魂」と解された。死期が迫っている人の魂は、ふとしたことで体から離れやすくなっており、それが「人魂」となってあらわれると考えられたのである。そして、翌年の二月には、貞成親王の兄治仁《はるひと》王が急死している。そのことを人びとは考え合わせて、これは治仁王の「人魂」であったと噂したという。この場合、「人魂」は死の予兆、つまり「怪異」としての意味合いを帯びている。

平安時代以来、「人魂」があらわれた時は、しばしば陰陽師によって「招魂祭」がとりおこなわれた〔斎藤　二〇一二〕。遊離した魂を呼び戻すための儀礼である。嘉保《かほう》二年（一〇九五）十月二日、堀河《ほりかわ》天皇の病気快癒のために大内裏《だいだいり》の大極殿《だいごくでん》では千人の僧侶による読経がおこなわれていたが、北中門に「大光物」があり、「人魂」であることが疑われたので、三日間「招魂祭」がおこなわれたという（『中右記』）。この「人魂」は病気のために弱っていた堀河天皇の遊離した魂と考えられたのだろう。

貞応《じょうおう》二年（一二二三）十二月三日には、鎌倉幕府二代執権北条義時《よしとき》の屋敷に「光物」があらわれたため、「招魂祭」がおこなわれている（『吾妻鏡』）。この「光物」は「人魂」と解釈されたのだろう。実際、義時はこの翌年に急死しており、この「光物」出現の記事はその凶兆として記されたと考えられる。

「光物」のさまざまな正体

これらの例からわかるように、「人魂」は「光物」の一種とされていたが、すべての「光物」が「人魂」と解釈されたわけではない。室町幕府第四代将軍足利義持・第六代将軍義教の護持僧を務めた醍醐寺座主《だいごじざす》の満《まん》済《さい》が記した『満済准后《じゅごう》日記』には、「光物」の出現に関する多くの記事があるが、その解釈はさまざまであった。例えば永享《えいきょう》五年（一四三三）十月二十五日の夜、室町御所の上を「光物」が飛び回るということがあり、その後二度、同様の「光物」が目撃された。これについて陰陽師の賀茂在方《かものありかた》に「人魂」ではないかと尋ねたところ、そうではなく、占いの結果は将軍足利義教の病の兆しと出たという。

応永三十四年（一四二七）六月二十五日に醍醐寺の清滝宮《せいりゅうぐう》の森の上に連なって現れた「光物」については、満済ははじめ「神火」かと疑っている。しかし、翌日地蔵院の東辺から飛び出て清涼堂《せいりょうどう》に落ちた「光物」は、それを目撃した者によって「人魂」であるとされ、満済もこの夜あちこちに現れた「光物」を「天変」かと解釈しなおしている。「天変」とは、「天変地異」の熟語でも知られているように、天に起こる異常な現象を指す言葉だが、また空を飛ぶ正体不明の発光体（今で言うＵＦＯ）そのものを指すこともあった〔伊藤　二〇〇〇〕。また、永享六年（一四三四）九月十一日の明け方、北から未申《ひつじさる》（南西）の方角に向けて飛んだ「光物」は、賀茂在方により「流星」と判定され、それが飛んでいった方角に兵乱が起こることの凶兆であるとされた。

「光物」が狐狸妖怪のしわざとされることもあった。建保《けんぽう》元年（一二一三）八月十八日、鎌倉幕府第三代将軍源実朝《さねとも》が夜中に歌を詠んでいた時、一人の「青女」が御所の庭にあらわれた。実朝が女を追って門外に出たところ、松明《たいまつ》の火のような「光物」が出現した。すぐさま陰陽師安倍親職《あべのちかもと》が呼ばれ、「招魂祭」がおこなわれた（『吾妻鏡』）。「青女」はおそらく人間ではなく、化け物のたぐいと解釈されたのであろう。この時おこなわれた「招魂祭」も、遊離した魂を呼び戻す儀礼というより、「百怪祭」のような「怪異」に直接対処するものとしておこなわれたと見ることができる〔田中　二〇〇四〕。また『今昔物語集』巻第二十七第三十三話「西の京の人、応天門の上に光物を見る語」では、応天門の上にあらわれた青い「光物」は、狐のしわざと解釈され、『古今著聞集』第二十七篇の第六百三話では、老婆の顔のある「光物」は狸のしわざとされている。

このように、発光する物体が空を飛ぶ「光物」の解釈は、「人魂」「神火」「天変」「流星」「化け物」「狐狸」などさまざまであった。しかしいずれにしても、「光物」は人の死や兵乱など、なんらかの凶兆、「怪異」であるととらえられたようだ。

名づけられぬ「怪異」

このように、中世における妖怪には「怪異」という新たな意味づけが加わった。これは、妖怪がそれ自体、不思議で恐ろしいものであるばかりでなく、さらにこの後もっと悪いことが起きることを予感させるという点において、二重の意味で恐ろしい存在となっていたことを示している。

そしてこのことは、中世においても妖怪のレパートリーが貧弱であったこととも関係している。これまで見てきたように、不思議な現象を起こすものとして名前が挙がるのは、あいかわらず「鬼」「天狗」「狐」「狸」であった。さまざまな不思議な出来事が記されているものの、それ自体に個別の名前がつけられることもほとんどなかった。

空を飛ぶ正体不明の発行体に「光物」という呼称が与えられたのは数少ない例外といえるが、逆に原因もそのあらわれ方も多様な光の「怪異」が、ひとしなみに「光物」ととらえられているのはやはり中世的なのである。詳しくはのちに述べることになるが、こうした「光物」にも個別の名前を与えていくのが、近世という時代なのであった。

鳴き声が不吉であったり、形状が異様であったりする鳥の「怪異」も、「怪鳥」としてある種のカテゴライズがおこなわれてはいるが、それ以上の名づけがおこなわれることはなかった。それらに個別の名前がつけられるようになるのは、やはり近世に入ってからなのである。

このように、中世まで、さまざまな不思議に個別の名前が与えられなかったのはなぜであろうか。それはやはり、それぞれの不思議のあらわれ方ではなく、それをひき起こした存在がなんであったのかを見定めること、そしてその「怪異」が、どのような凶事を暗示しているのかを明らかにすることのほうに重要な意味が与えられていたからであろう。中世までの人びとは、不思議そのものではなく、不思議の背後にあるものを見ようとしていたのである。

問題の背後にある「解答」は少ないほうがよい。対応をマニュアル化しやすいからである。中世まで、不思議を起こすモノ――妖怪の種類がごく限られていたのはそのためだ。中世以前の人びとにとって、不思議は解き明かすべき問題だった。そのすみやかな解消こそが最大の関心だったのである。それは不思議が人びとにとって、あくまで恐ろしいものであり続けていたからだ。

これに対し、江戸時代の人びとにとっては、個別の不思議そのものが知的好奇心の対象となりうるものだった。そこに「名づけ」という行為が介在することになるのである。

鬼魅の名は

妖怪と俳諧ネットワーク

凶兆からモノへ──「髪切り」をめぐって

寛永の「髪切り」

慶長二十年（一六一五）、大坂夏の陣により豊臣家が滅亡したことで、長く続いた戦乱の時代がようやく終わりを告げた（元和偃武《げんなえんぶ》）。関ヶ原の戦いから二十年以上の時を経た寛永年間（一六二四〜四四）は、社会が安定しつつあった時期であったが、乱世の記憶は依然としてなまなましく人びとの胸に刻まれていた。そうした人びとの未来への不安を反映したものか、このころ、さまざまな怪しい流言が囁《ささや》かれている。その一つに「髪切り」の噂話があった。

寛文十一年（一六七一）の序を持つ山岡元隣《やまおかげんりん》の『宝蔵《たからぐら》』は、それを次のように伝えている。

寛永十四、五年のころだという。髪切虫《かみきりむし》という「妖孽《ようげつ》」ありとの噂が流れ、実際に誰か髪を切られたという人はなかったものの、あちこちの御婦人方や腰元、下女に至るまで、自分の髪を切られるのではないかと恐れる声に満ちていた。その噂は月日を重ねてもやむことがなかったが、やがてどこからともなく「異国より悪魔の風のふき来るに　そこふきもどせ伊勢の神風」という和歌を書き写して門戸に貼り、また簪《かんざし》にくくりつけるということがまじないごととして流行った。それでも噂はやまず、またどこからともなく「髪切虫は剃刀《かみそり》の牙、ハサミの手足を持っており、煎瓦《いりがわら》（食べ物を煎るのに使う素焼きの平たい土鍋。焙烙《ほうろく》）の下に隠れている」という風説が流れ、門前に打ち捨てられた煎瓦の破片が路上に満ちあふれ、行き交う人もつま先立ちになるほどだった。

『宝蔵』の著者、山岡元隣は京都の人であったが、この出来事は寛永十五年（一六三八）に京都の公家によって記された『春寝覚《はるのねざめ》』のなかで、より詳しく書き残されている。

去年の中ごろのことであろうか、一つの不思議な噂が流れた。大和国の法隆寺に長年住んでいた狐が、寺の主《あるじ》の法師に暇乞《いとまご》いをして、伊勢の方に行くことを告げた。それからというもの、夜の間に人の髪が剃り落とされ、半剪《はんぎり》にされるということが数知れず起こった。これはやがて都にまで至り、あちこちに切られた者がいると騒がれたが、それを確かに見たという者はいなかった。しかし嘘ではないであろうと、人びとは口々に、私の知っている人の誰々がなどと述べ立てるが、たいへん疑わしかった。ところが、建仁寺《けんにんじ》の常光院紹益《じょうこういんしょうえき》の小姓が、夕方、四条の縄手を通っている時にいつの間にか髪を切られたのを、同道していた人が目撃したという。実際に見に行った者もいたが、確かに半ばより切られていて、その切り目は不揃いで、鳥もちというものが付いたようになっていた。このことを、かの「たいうす」（デウス。キリスト教の神のこと、転じてキリシタン）の女たちが髪を半剪にして奉仕するということと考え合わせるべきであると、そのころ誰ともなく言い出した。

「異国より悪鬼の神のわたりしを　はや吹かへせ伊せの神風」という歌を紙に書いて、家の門に貼り付け、これで我が家には入ってこないと、女子どもが頼りにするのも愚かなことであった。のちに思い当たったことであるが、この噂がやや終息してきたと思われた八月の末より、東西の山の端が火の燃え出るように赤くなることがあった。初めはみな、山火事と見間違えて大騒ぎしたが、その後は見慣れてしまって騒ぐこともなくなった。これは「外夷の兵気」（異国からの戦乱を示す気）であると主張する学者たちもいたが、ただ不思議、不思議と言うばかりで、さして驚く者もいなかった。このたびの戦乱（島原《しまばら》の乱《らん》）のあった日には、いっそう赤かったと言うが、このごろは気を留める者もいない。これほどに天地人のいずれもが怪異をあらわし、凶事を示しているにもかかわらず、人はみな外的な要因ばかりを疑い、内政の失敗を疑う人は稀であった。

「髪切り」の噂話と、それを除けるとされる和歌を記した魔除け札の流行。明らかに『宝蔵』に記されたものと同じ出来事を書いているが、ここでは髪を切るモノは「虫」ではなく、法隆寺の狐ということになっている。また同時に、京都の東西の山の端が燃えるように赤く見える「怪異」があったことを伝えている。実は、「髪切り」の噂があった寛永十四から十五年にかけては、最後の大きな内乱と言うべき「島原の乱」（島原・天草一揆）が起こった時期であった。山の端が赤く見える「怪異」は、『春寝覚』の筆者からすれば、明らかに乱の凶兆としてとらえられるべき出来事であった。

さらに筆者は、キリシタンの女性が髪を半ばで切り落としていることを「髪切り」と結びつける説に触れ、「髪切り」の噂話もまた、キリシタンの反乱である「島原の乱」の凶兆であったことをほのめかしている。「髪切り」除けの歌が「異国より悪鬼の神のわたりしを」（『宝蔵』では「異国より悪魔の風のふき来るに」）から始まっているのも、そう考えればその含意がいっそう理解しやすくなるだろう。つまり「髪切り」の噂話、そして山の端が赤く染まる「怪異」は、いずれも「島原の乱」という凶事を警告するものであったのに、その警告を誰もまともに取り合わなかったことを、筆者は嘆いているのである。

この『春寝覚』という文章は、当時の堕落した公家社会に対する批判を主眼としているが、ここでは「怪異」に対する江戸時代初期の人びとの認識の変容を示す文章として読み取ってみたい。「怪異」を察知し、判定し、凶事を未然に防ぐため神仏に働きかけるという危機管理のシステムが、もはや機能していないことをこの文章は明らかにしている。

江戸幕府と「怪異」

前章で述べたように、「怪異」とその占断に基づいた危機管理のシステムは、南北朝の内乱を経て形骸化していた。そして江戸幕府は、「怪異」に基づく危機管理のシステムを継承せず、むしろ法度《はっと》によって「怪異」を統制するという方法を選択した〔木場　二〇二〇〕。十九世紀に編纂された江戸幕府の「正史」である『徳川実紀《とくがわじつき》』には、大坂の陣以降、「怪異」に関する記事がほとんど記されていない。古代の六国史《りっこくし》、鎌倉幕府の「正史」である『吾妻鏡《あずまかがみ》』、そして室町時代の公家や僧侶の日記に「怪異」がおびただしく記されたのは、「このような怪異は、しかじかの災厄の前兆である」という、「怪異」と災厄との対応関係に関するデータベースとしての意味合いがあったからだ。それが江戸幕府の「正史」に見られないということは、「怪異」と災厄とを対応させる観念の連環を江戸幕府は断ち切り、データベースの必要性も放棄してしまった、ということを意味する。

それに加えて、江戸幕府は、「怪異」についてみだりに語ることを法度によって規制した。徳川家康は、慶長十三年（一六〇八）から元和元年（一六一五）にかけて寺院に対して出した法度のなかで、「邪説」「新法」「異義」「新儀」、すなわち幕府が認めた教説以外の教えを広めることを禁じた。これは寛文五年（一六六五）に全国の寺院に対して出された諸宗寺院法度にも受け継がれている。かつて、寺社は「怪異」の発生を政権に報告する重要な役割を担わされていたが、江戸幕府は「怪異」について取り合わないばかりか、寺社が「怪異」を喧伝することを抑制する立場を取ったのである。

ただし、幕府は朝廷が「怪異」に対処することについては黙認していた。江戸時代においては、平安時代の伝説的陰陽師、安倍晴明《あべのせいめい》の末裔とされる土御門《つちみかど》家が、天和《てんな》二年（一六八二）に陰陽道《おんようどう》支配の天皇綸旨《りんじ》と将軍朱印状《しゅいんじょう》を獲得して全国の占い師・民間宗教者を支配する権限を得て以降、陰陽頭《おんようのかみ》を歴任し、「怪異」の占断（怪異占）をおこなっていた。

また土御門家は、将軍の「昵近衆《じっきんしゅう》」として、将軍宣下《せんげ》の儀式の際には江戸に下向して将軍の「身固《みがため》」（穢《けが》れや邪気を祓《はら》う呪術）をおこなう役割を担っていた。ここには、朝廷が有する宗教的権威を奪うのではなく、利用することで政権の正当性を高めようとした江戸幕府のスタンスが反映されている〔井上　二〇一二〕。だが、幕府にとっては土御門家の民間宗教者を統制するという機能の方が重要で、陰陽道儀礼そのものを重視していたわけではなかった〔遠藤　一九八五〕。幕府が「怪異」にかかわることは基本的にはなかったのである。

徳川家康と「怪異」

こうした江戸幕府の「怪異」に対するスタンスを象徴的にあらわしているのが、十九世紀前半に平戸《ひらど》藩主松浦静山《まつらせいざん》によって書かれた随筆『甲子夜話《かっしやわ》』に見える次のエピソードである。

慶長年間（一五九六〜一六一五）のこと。大風雨によって春日神社の神木がことごとく倒れ、社殿も倒壊したことに対し、神官は凶兆であると告げた。このことが家康公の耳に入ると、家康公は一笑に付し、「社殿はそろそろ修繕すべき時期に来ていたのだろう。倒れた神木を用いて速やかに造営すべし」と仰せられ、たちまちのうちに再建が成った。しかるにその後、特に変わったことはなかったという。

暴風雨によって建物が倒壊することは、現代ではなんら不思議なことではないが、古代においては典型的な「怪異」と見られていた。とはいえ、普通の民家が倒れたところでそれは「怪異」ではなかった。倒れたのが寺社や朝廷の建物であることに重要な意味があったのである。それは神仏の祟《たた》りや政権にとっての凶兆と見なされ、速やかに報告されたのち、卜占《ぼくせん》によってそれが示す危機が予測され、災厄を未然に防ぐために奉幣《ほうべい》や祈禱、読経などの対応が取られた。ところが江戸幕府の創設者である徳川家康は、社殿の倒壊を凶兆とした神官の報告を一笑に付し、原因は単なる経年劣化と切り捨て、あまつさえ倒れた神木を用いて社殿を再建させたというのである。

これは実際にあったことなのだろうか。『当代記《とうだいき》』には、慶長十五年（一六一〇）七月二十一日に大風のため奈良の神木六十本が倒れたことが記されており、春日神社の神木倒壊が事実だったことがわかる。また、公家の柳原紀光《やなぎわらもとみつ》が十八世紀末の寛政《かんせい》年間に私的に編んだ歴史書『続史愚抄《ぞくしぐしょう》』の同年同日の項には、大風で春日神社周辺の山林の木が倒れ、「廬舎《ろしゃ》」（仮小屋）が壊れた、とある。

そして、同じ『続史愚抄』の慶長十七年三月二十五日の項に、「去る頃、春日社の千木《ちぎ》が折れて落下し、また若宮でも同様のことがあった。陰陽寮がこれを占って、主上（天皇）は重く『御慎』（物忌《ものいみ》）をすることになった」という記事がある。これは、慶長十六年から元和元年（一六一五）にかけての家康の動静を記した『駿府政事録』（『駿府記《すんぷき》』）に基づいたものとされている。

そこで、『駿府記』を見てみると、慶長十七年三月二十四日に陰陽頭土御門久脩《ひさなが》が京都から下向し、翌二十五日に武家伝奏《てんそう》の広橋兼勝《ひろはしかねかつ》と勧修寺光豊《かじゅうじみつとよ》が、先日春日大宮と若宮の千木が折れて落下することがあったので、禁中は重く「御慎」であると伝えると、家康は「大宮も若宮も経年劣化で壊れたのだろう」と述べた、という記事がある。これが『甲子夜話』のエピソードの元だろう。実際には慶長十五年の大風による春日神社の神木倒壊と、十七年の春日神社の「千木」破損は別の出来事で（「神木」と「千木」を混同してしまったものと思われる）、さすがに家康も神木を用いて社殿を修復せよとまでは言っていないが、いちおうは史実に基づいたエピソードだったようだ。

神社の千木が折れて落下するというのも、古代・中世的な意味では十分に「怪異」だった。そこで陰陽頭による怪異占が行われ、「御慎」あるべしとの占断が下った。陰陽頭と朝廷の使者の下向は、それを幕府にも伝えるものだったと思われるが、家康は「単なる経年劣化」ときわめて合理的に判断し、凶兆におののく素振りさえ見せなかったのである。

『甲子夜話』のエピソードは、この史実を元にして、家康なら——すなわち幕府なら、このようなスタンスを取るだろう、と当時の人びとが考えた「理念型」を反映したものだったと解することができる。「怪異」はもはや、江戸幕府にとっては何の有用性ももたないものであった。

寛永元年、無効化する「怪異」

江戸幕府が「怪異」に基づく危機管理のシステムを放棄したことにより、「怪異」からは次第にその「凶兆」としての意味合いが奪われていったと考えられる。「髪切り」の流言があった寛永年間は、そうした「怪異」観の変容の画期であった。

少し時期は下るが、ともに延宝《えんぽう》五年（一六七七）に刊行された怪談集『宿直草《とのいぐさ》（御伽物語《おとぎものがたり》）』と『諸国百物語』には、寛永元年（一六二四）に流れた「怪異」にまつわる流言が、もはや「怪異」としては無効であることが明らかになる、というエピソードがいずれにも記されていて、たいへん象徴的である。

まずは『宿直草』の「てんぐつぶて附《つけたり》こころにかからぬ怪異《けい》はわざはひなき弁の事」。

寛永改元のころ、大坂石町《こくまち》のある家で、夜ごとに何者かが礫《つぶて》を打つという怪異が続いた。近隣や親類の者は皆、「天狗礫」を打たれる家は必ず火災に遭うので、祈禱かお祓いをした方がよいと勧めたが、一向宗の門徒である家の主人はまったく聞き入れなかった。しかし、結局その後何の障りもなく、四十年の歳月を経て著者がその家の前を通りかかった時も、昔と変わることがなかった、という。

「されば心にかからぬ怪異は、更にその難なきものをや」と、『宿直草』の著者は結んでいる。当時「天狗礫」は火災の前兆とされていたが、気にしなければどうということのないものであることが明らかになったのである。「怪異」を凶兆としてとらえ、災厄が起こらないように対処するというかつての危機管理の方法がもはや無効であることが、ここでは宣言されているのだ。

また、『諸国百物語』の「靏《つる》の林うぐめのばけ物の事」は、次のような話である。

　寛永元年、京の東にあった靏の林という墓地に、夜な夜な「うぐめ」という化け物がやって来て赤子の泣くような声を上げるので、日が暮れた後は通る者もなく、家々の戸は堅く閉ざされ出入りする者もいなかった。ある人がこれを聞いて「うぐめ」を見届けようと思い立ち、雨の夜に靏の林で待ち伏せていると、五つ（午後八時ごろ）時分に白川の方から唐傘ほどの青い火が宙を飛んできた。赤子の泣く声が聞こえたので、これこそかの「うぐめ」と合点し、刀を抜いて切って落とすと、それは大きな五《ご》位鷺《いさぎ》だった。「よしなき物にをそれたり」と、人びとは大笑いしたという。「うぐめ」は「うぶめ（産女）」の転訛《てんか》であろう。「うぶめ」は出産の際に亡くなった女性が化すという妖怪で、『今昔物語集』にも登場し、江戸時代の怪談集にもたびたび記されている。ここでは赤子の泣くような声を上げる「音の怪」、また唐傘ほどの大きさの青い「怪火《かいか》」として現れているが、最終的には大きな五位鷺であったことがわかり、笑い話として終わっている。

どこからともなく聞こえてくる赤子の泣き声は、当時の人々には不吉な「怪異」として感じ取られただろう。だが結局それは、ただの動物であったことが判明する。「怪異」はもはやさらなる凶事を警告するものではなく、そこに在るだけのモノへと化していったのである。

モノとしての「髪切り」

ここでもう一度、『宝蔵』の文章に戻ってみよう。ここに書かれた「髪切り」の記事は、かなり簡潔ではあるが、『春寝覚』と同じ事件を扱っていることがわかる。だが、一つ大きな相違がある。それは、「髪切り」の怪異をひき起こしていたものが、「髪切虫」という「虫」であったとされたことである。

『春寝覚』では、「髪切り」の怪異をひき起こしていたのは狐であった。実は室町時代にも「髪切り」の怪異があり、それは狐のしわざと解釈されていた。『看聞日記』永享十年（一四三八）二月六日の条には、室町御所に女房の姿の「変化之物」があらわれ、御所の女房たちの髪や小袖を切った、という記事がある。この室町御所の「髪切り」については、ほかにもいくつかの公家の日記に記されており、当時話題になっていた事件であったことが知られる。その一つ、万里小路時房《までのこうじときふさ》の日記『建内記《けんないき》』の嘉吉元年（一四四一）二月七日の条には、天龍寺慶寿院の海門承朝《かいもんじようちよう》和尚から聞いた話として、中国の『洛陽伽藍記《らくようがらんき》』という書物に髪切りは狐のしわざであると書かれている、ということが記されている。

江戸時代に何度となく繰り返された「髪切り」の流言に際しても、狐のしわざとする解釈はしばしばおこなわれた。昔話や伝説のなかでも、狐に騙されて坊主頭にされるという話は多く見られ、十八世紀に成立した『大石兵六物語絵巻《おおいしひようろくものがたりえまき》』にもそうした場面が描かれている。ところが一方で、この『宝蔵』の記事のように、「髪切り」という怪異をひき起こす「髪切虫」という固有の存在を想定するディスクールが現れるようになるのが、江戸時代特有の現象であった。『宝蔵』によれば、「髪切虫」はカミソリの牙、ハサミの手足という具体的な姿でイメージされ、「煎瓦の下に隠れている」というように、まさに「虫」

のような生態を持った存在として語られている。

描かれる「髪切り」

さらに時代が下ると、「髪切り」はその姿かたちが絵に描かれるようになる。明和年間に大坂で起こった出来事を記した『明和雑記《めいわざつき》』によれば、明和五年（一七六八）に大坂で「髪切り」の流言がはやり、その際に「髪切虫」の絵図なるものを売り歩く者がいたという。『明和雑記』に掲載されたその図は、「虫」と言うよりはカラスのような姿の化物である（図3）。また元文二年（一七三七）写の年紀を持つ佐脇嵩之《さわきすうし》筆『百怪図巻《ひゃっかいずかん》』は、妖怪の名前と姿かたちを一種類ずつ描いた「妖怪図鑑」的な性格を持つ「化物尽くし絵巻」のもっとも早い作例であるが、そのなかにもハサミのような手を持つ「髪切り」の姿が描かれている（図4）。十八世紀には、「髪切り」は名前と姿かたちを備えた、一種のキャラクター的な存在となっていたのである。

このように、江戸時代の「髪切り」は、これからさらなる災厄が訪れることを警告する凶兆＝「怪異」ではなく、それ自体が不思議で奇怪なモノ＝妖怪としてとらえられるようになっていた。寛永年間は、こうした「怪異」をめぐる新旧の認識の、ちょうど潮目に当たる時期だったと考えられる。

一方で寛永年間は、新しい文化が生まれつつある時代でもあった。その代表的なものが

図３　髪切虫（『明和雑記』国立国会図書館デジタルコレクション）

図４　かみきり（『百怪図巻』福岡市博物館蔵／画像提供：福岡市博物館／DNPartcom）

俳諧《はいかい》である。もともとは連歌《れんが》の余興として日々言い捨てられるだけのものだった俳諧が、書き残されるようになっていくのが慶長前後から寛永初年にかけて、そして松永貞徳《まつながていとく》が現れて俳諧が独自の文芸ジャンルとして確立していくのが寛永年間のことであった〔森川一九九七〕。この俳諧が、やがて江戸時代における妖怪の名称に大きな影響を与えるようになるのである。

実は「髪切虫」について触れた『宝蔵』の著者、山岡元隣は、当時俳諧の世界で名の知られた人物であった。そして、元隣がのちに生み出すことになる『古今百物語評判《ここんひゃくものがたりひょうばん》』は、「髪切虫」のような「モノ」としての妖怪を数多く紹介した書物であった。次節では、この『古今百物語評判』を中心に、十七世紀の妖怪と俳諧との意外な関係について明らかにしていくことにしよう。

『古今百物語評判』と俳諧

十七世紀における妖怪名称

中世までは、さまざまな怪異をひき起こす存在——のちに「妖怪」と総称されるようになる存在にはごく限られた種類しかなく、さまざまな怪異は、それら限られた神秘的存在のしわざとされるのみで、個別の怪異に名前が与えられることはほとんどなかった。

こうした状況が一変するのが十七世紀、江戸時代に入ってからのことである。表4は、十七世紀から十八世紀にかけての江戸時代の文献にあらわれた妖怪の名称を、管見の限り拾い集めたものである。なお、古代・中世以来見られる「鬼」「天狗」などは除外し（ただし「木の葉天狗」は江戸時代特有のものとして拾っている）、また鳥山石燕《とりやませきえん》の『画図百鬼《がずひやっき》

表4　十七~十八世紀の妖怪名称

年代	地域	名称	典拠	種類
慶長11年(一六〇六)	京都	やぶれ車	『当代記』	流言
寛永元年(一六二四)	京都	うぐめ	『諸国百物語』(一六七七)	流言
寛永2年(一六二五)	摂津国池田・久我畷など	陸縄手の飛び乗物	井原西鶴『西鶴諸国ばなし』(一六八五)	流言
寛永4年(一六二七)		うぶめ	富尾似舩『宿直草』(一六七七)	
		かわらう(水虎)	林羅山『新刊多識編』(一六三一)	
		うぶめどり(姑獲鳥)	〃	
		やまびこ(山𤢖)	〃	
		やまおとこ(山丈)	〃	
		がわたらう(封)	〃	
		ろくろくび(飛頭蛮)	〃	
		山姫	斎藤徳元『塵塚誹諧集』(一六三三)	
		木葉天狗	〃	
		山姫	野々口立圃『はなひ草』(一六三六)	
		木の葉天狗	〃	
寛永14~15年(一六三七~三八)	京都	髪切虫	山岡元隣『宝蔵』(一六七一)	流言
		みこし入道	山本西武『鷹筑波』(一六四二)	
		雪女	〃	
		木の葉天狗	〃	
	豊後	川童(かハらう)	松江重頼『毛吹草』(一六四五)	
		雪女	〃	
		雪女	安原正章『氷室守』(一六四六)	

		うぶ女	安原正章『正章千句』(一六四八)	
		轆轤頸	〃	
		山姫	北村季吟『山之井』(一六四八)	
		雪女	〃	
		かまいたち	〃	
		山姫	松永貞徳『崑山集』(一六五一)	
		雪女	〃	
		髪切虫	〃	
		木の葉天狗	〃	
		山姫	安原貞室『玉海集』(一六五六)	
		雪女	〃	
明暦(一六五五～五八)	京都	人喰姥	洛下寓居『新御伽婢子』(一六八三)	流言
	山崎茨城	婆が火	浅井了意『東海道名所記』(一六五九)	怪火
		竜田姫	『曾呂利物語』(一六六三)	
	関八州	鎌鼬	浅井了意『伽婢子』(一六六六)	
	尾張・美濃・駿河・遠江・三河	堤馬風	〃	
	土佐国幡多郡	狗神	〃	
		雪女	北村季吟『増山井』(一六六七)	
		山姫	北村季吟『続山井』(一六六七)	
		龍燈	〃	怪火
		にかう坊	〃	怪火
		三越入道	〃	
		雪女	〃	
		木葉天狗	〃	

四国	犬神	中山三柳『醍醐随筆』(一六七〇)	
河内	姥が火	顕成『続境海草』(一六七二)	怪火
	木葉天狗	〃	
	雪女	〃	
京都？	見越し入道	富尾似舩『宿直草』(一六七七)	
備前国岡山	山姫	〃	
	をくり狼	〃	
摂津国嶋下郡	仁光坊の火	〃	怪火
京都	片輪車	『諸国百物語』(一六七七)	
会津	首の番	〃	
越前国府中	ろくろ首	〃	
	姥が火	井原西鶴『俳諧大句数』(一六七七)	怪火
河内国	姥が火	三田浄久『河内鑑名所記』(一六七九)	怪火
	送り狼	杉村西治『二葉集』(一六七九)	
	渾沌(ヌペッポウ)	松尾芭蕉『俳諧次韻』(一六八一)	
	轆轤首	清風『おくれ双六』(一六八一)	
京都	髪切虫	洛下寓居『新御伽婢子』(一六八三)	流言
京都西院	宗玄火	〃	怪火
越後国	雪女	『宗祇諸国物語』(一六八五)	
上野佐野の西	ろくろくび	〃	
筑前国博多	紫女	井原西鶴『西鶴諸国ばなし』(一六八五)	
天満	傘火	井原西鶴『好色五人女』(一六八六)	怪火
天満	手なし児	〃	
天満曾根崎	逆女	〃	

天満十一丁目	くびしめ縄	〃	
天満川崎	泣坊主	〃	
天満池田町	わらひ猫	〃	
天満	燃からうす	〃	
越後・秋田・信濃	かまいたち	『古今百物語評判』(一六八六)	
肥後	轆轤首	〃	
京都	釣瓶をろし	〃	怪火
京都	見こし入道(高坊主)	〃	
四国	犬神	〃	
京都?	垢ねぶり	〃	
京都?	銭神	〃	
河西	貧乏神	〃	
	山姥・龍田姫・山姫	〃	
東近江	油盗人	〃	怪火
江州野州河	河太郎	〃	
	雪女	〃	
西国・北国	舟幽霊	〃	
丹波保津川	姥が火	〃	怪火
摂津国	仁光坊の火	〃	怪火
比叡山西の麓相逢の杜	逢火	黒川道祐『雍州府志』(一六八六)	怪火
丹後天橋立	竜燈・天燈	『奇異雑談集』(一六八七)	怪火
京東山獅子の谷村	槌子(つちのこ)	〃	
伊良虞のわたり	入道鰐	〃	
越後国上田の庄	火車	〃	

	京西の岡	産女	『本朝故事因縁集』（一六八九）	怪音
	江州大津八町	油盗火	〃	怪火
	摂州高槻庄	二恨坊之火	〃	怪火
	比叡山西の麓相逢の森	逢火	水雲堂孤松子『京羽二重織留』（一六八九）	怪火
	比叡山	一眼一足	『雨中の友』（一六九七）	
		産婦鳥（うぶめどり）	人見必大『本朝食鑑』（一六九七）	
		海法師（うみぼうず）	〃	
		人魚	〃	
		河童（かわろう）	〃	
		送り狼	〃	
	平岡明神	姥が火	井原西鶴『西鶴名残の友』（一六九九）	怪火
	摂津国西成郡浜村	浜火	岡田徯志『摂陽群談』（一七〇一）	怪火
	摂津国西成郡海老江村	尼之火（山伏火）	〃	怪火
	摂津国西成郡木津村	主馬火	〃	怪火
	摂津国島上郡高槻村	日光坊火（二魂坊火）	〃	怪火
	摂津国島下郡別府村	虎宮火	〃	怪火
	摂津国豊島郡木部村	木部火（高入道之火）	〃	怪火
	摂津国川辺郡尼崎	沖猛火	〃	怪火
	摂津国川辺郡荻野村	荻野火（扇野の火）	〃	怪火
	摂津国川辺郡仲山寺	仲山火	〃	怪火
	摂津国川辺郡東多田村鱣畷	鱣畷火（狸火）	〃	怪火
	摂津国兎原郡蘆屋村	竜燈火	〃	怪火
元禄14年（一七〇一）	和州吉野郡	志於宇	寺島良安『和漢三才図会』（一七一三）	流言
	近江国	龍灯	許六『本朝文選』（一七〇六）	怪火

近江国大藪	星鬼の火	〃	怪火
対馬	妖怪（アヤカシ）	孤山居士『本朝語園』（一七〇六）	
対馬	海入道	〃	
江戸	夜衾	『手鼓』（一七〇七）	
周防・筑紫	黒眚（シイ）	貝原益軒『大和本草』（一七〇九）	
	河童（カハタラウ）	〃	
関東	罔両（クハシヤ）	〃	
	海女（人魚）	〃	
越中国	轆轤首	『大和怪異記』（一七〇九）	
駿河国阿部山	山男	〃	
	雪女	児嶋不求『秉燭或問珍』（一七一〇）	
	海小僧	〃	
	竜燈	〃	怪火
	轆轤首	〃	
	臼の目切	『入子枕』（一七一一）	流言
京都四條堀川	見越入道（高坊主）	北条団水『一夜船』（一七一二）	
	轆轤首	〃	
壱岐国呼子松原寺	産女	〃	
	送り狼	寺島良安『和漢三才図会』（一七一三）	
飛騨・美濃	黒坊	〃	
	山童	〃	
	山彦	〃	
西国・九州	川太郎	〃	
河内国	姥火	〃	怪火

	奥州桑田村	轆轤首	花洛隠士音久『怪醜夜光魂』(一七一七)	
	下嵯峨	無傷	〃	
	勢州桑名	下屋入道	〃	
	伊勢国	悪路神の火	植村政勝『諸州採薬記』(一七二〇～五二)	怪火
	鳥取	赤豆鋭(アヅキトギ)	野間宗蔵『怪談記』(一七二四)	怪音
	鳥取	牛鬼	〃	
	因幡国智頭郡	山テテ	〃	
	加賀国	たこの坊主火	舟木伝内『舟木伝内随筆』(一七二五)	怪火
		迷いの火	村上俊清『三才因縁弁疑』(一七二六)	怪火
	河内国	姥が火	〃	怪火
		天狗火	〃	怪火
	鎌倉榎の嶋の沖	龍燈	〃	怪火
享保11年(一七二六)	岡崎聖護院	うめき鳥	『月堂見聞集』	怪音
	或る城下	千々古	菅生堂人『太平百物語』(一七三二)	流言
	西の京	陰魔羅鬼	〃	
	近江国大津浦膳所崎	油坊火	寒川辰清『近江輿地志略』(一七三四)	怪火
	近江国犬上郡大藪	星鬼	〃	怪火
	近江国志賀郡別保村大将軍	浄玄虫	〃	
	近江国沼田	小右衛門火	中尾守興『御伽厚化粧』(一七三四)	怪火
	諏訪千本の松原	舌長姥	三坂大弥太『老媼茶話』(一七四二)	
	奥州会津諏訪の宮	朱の盤	〃	
	南山街道飯寺村	青五輪	〃	
	出羽国庄内飽海社	神軍	菊岡沾凉『諸国里人談』(一七四三)	
	若狭国大飯郡御浅嶽	人魚	〃	

肥前国諫早	河童	〃	
大井川	木の葉天狗	〃	
近江国甲賀郡	片輪車	〃	
豊後国宮古郡甲浦	不知火	〃	怪火
丹後国与謝郡天橋立他	竜燈	〃	怪火
隠岐国海中	焚火	〃	怪火
伊勢国安濃津塔世	分部火・鬼の塩屋の火	〃	怪火
摂津国高槻庄二階堂村	二恨坊の火	〃	怪火
摂津国島下郡別府村	虎宮火	〃	怪火
摂津国川辺郡東多田村鱣畷	狸火	〃	怪火
河内国平岡	姥火	〃	怪火
勢州壱志郡家城	千方の火	〃	怪火
近江国大津八町	油盗火	〃	怪火
比叡山	油坊	〃	怪火
京都七条朱雀	道元が火	〃	怪火
土佐国吾川郡生賀瀬	赤頭	植木挙因『土陽淵岳志』（一七四六）	
土佐国宿毛	赤小豆洗	〃	怪音
土佐国	アスカヒ様	〃	
上総国鳴戸村願性寺	手斧梵論（てうのぼろ）	菊岡沾涼『本朝俗諺志』（一七四七）	
肥後国隈本八代	川童（かハらう）	〃	
信濃国高井郡渋湯村横井温泉寺	無宝塔	〃	
下野国日光山	錫杖取	〃	
駿河国笹ヶ窪	楠御前	〃	
駿河国笹ヶ窪	隠里	〃	怪音

紀伊国熊野	餓鬼穴	〃	
信州善光寺・備前国岡山	龍燈	〃	怪火
越後国	疱瘡神	〃	
阿州土州の境の沖	海坊主	〃	
長州下関・豊前内裏の間	あやかし	慙雪舎素及『怪談登志男』(一七五〇)	
下野国二つ山赤間村	吉六虫	〃	
武州川越二関田	大蓮寺火	大陽寺盛胤『多濃武の雁』(一七五三)	怪火
播磨国揖東郡林田村・佐用郡東本郷村	火焔	春名忠成『西播怪談実記』(一七五四)	怪火
播磨国佐用郡	河虎	〃	
京かたびらが辻	ぬつぽり坊主	与謝蕪村『蕪村妖怪絵巻』(一七五四～五七)	
出羽の国横手の城下	うぶめ	〃	
遠州見つけの宿	夜なきばば	〃	
越後国	狐婚火	丸山元純『越後名寄』(一七五六)	怪火
越後国	龍燈	〃	怪火
越後国	天燈	〃	怪火
越後国三島郡の浦	和尚魚	〃	
越後国	カツハ	〃	
越後国頚城郡桑取谷	狒々	〃	
越後国	鎌鼬	〃	
麹町一丁目御堀端	水虎(かっぱ)	平秩東作『怪談老の杖』	
上総大唐が鼻	あやかし	〃	
麻布	小豆はかり	〃	
豊後国玉木	姑獲鳥(うぶめ)	〃	
播磨国揖東郡青山の池	河童(かわどう)	春名忠成『世説麒麟談』(一七六一)	

播磨国飾東郡蒲田村	草刈火	〃	怪火
播磨国佐用郡佐用村	くも火	〃	怪火
播磨国佐用郡佐用村	天狗太鼓	〃	怪音
播磨国佐用郡佐用村	火焔	〃	怪火
南都興福寺	からかさ	『唖千里新語』(一七六二)	
	ぬれ髪	〃	
	高坊主	〃	
	朱盆	〃	
	小豆とぎ	〃	
	茶碗児	〃	
奥羽	鎌鼬	林自見『市井雑談集』(一七六四)	
三河	頽馬風	〃	
勢州桑名	一目連	〃	
東三河・遠州	天狗火	〃	怪火
	山魈・見越入道	〃	
常陸国	うぶめ	紀常因『怪談実録』(一七六六)	
越後国	霊火	〃	怪火
越後国	蓑虫	〃	怪火
越後国	かまいたち	〃	
京都四条	ぬつぺりほう	高古堂『新説百物語』(一七六七)	
但馬	高入道	〃	
京都	縄簾	〃	
北国	火炎婆々	〃	怪火
讃州妙雲寺	ざつくわ	〃	

	越後国蒲原郡村松領見附町	見こし	伴喜内『越の風車』(一七七一)	怪火
	越後国三島郡椎谷	龍燈	〃	怪火
	越後国岩船郡村上城下	夜火	〃	怪火
	越後国魚沼郡二居宿	悟り	〃	
	越後国長岡	轆轤首	〃	
安永3年(一七七四)	京都	うめきとり	柳原紀光『閑窓自語』(一七九三～九七)	
	長田川	黒坊主	堀麦水『三州奇談』	
	金沢川南町額谷屋	狗龍・謝豹虫	〃	
	本吉	天呉(水熊)	〃	
	加賀国八幡	金火	〃	怪火
	加賀国八幡	三谷の火	〃	怪火
	高雄山	坊主火	〃	怪火
	越中婦負郡呉服村	ぶらり火	〃	怪火
	能美郡	たんたん法師	〃	
	神通川	川鰈	〃	
	七尾	すすけ行灯	〃	怪火
	布勢湖	白男	〃	
	富山金草山	猩々王	〃	
	佐渡宿根木村	臼負婆々	『佐渡怪談藻塩草』(一七七八)	
	洛西壬生寺	宗玄火	中西如環『怪談見聞実記』(一七八〇)	怪火
	信州木曽山	さとり	〃	
	東山	見越入道	〃	
	甲斐国竹井村花禽塚	花鳥の霊火	萩原元克『甲斐名勝志』(一七八三)	怪火
	播州高砂柳街	釣瓶卸	壺菫子『今古怪談深雪草』(一七八六)	

	甲州中山	牛女	〃	
	江州二上嶽	夔罔象	〃	
	勢州亀山中町	飯縄（ゐ、つな）	〃	
	京都	六反火	神沢杜口『翁草』（一七九二）	怪火
	京都	叢原火	〃	怪火
	近江・肥前島原	かはらう	柳原紀光『閑窓自語』（一七九三〜九七）	
	和泉貝塚	海坊主	〃	
	京都	あか坊主	〃	
	雲州松江城下末沼町	源助山の飛火	津村淙庵『譚海』（一七九五）	怪火
	遠州海辺	天狗火	〃	怪火
	豊後国岡	川太郎	〃	
	奥州岩城専称寺	小僧蛇	〃	
	信州某村	片輪車	〃	
	筑波山	龍燈	〃	怪火
		小豆あらひ	〃	怪音
	勢州天神山	天神の火	〃	怪火
	常陸の外海	ゐくち	〃	
	相州箱根	山男	〃	
	若狭の海	亀入道	〃	
	越後蒲原郡	無縫塔	〃	
	芸州広島城下六丁目	ばたばた	〃	怪音
	秩父	をいさぎ	〃	

夜行《やぎょう》』などのような、十八世紀後半に登場する「妖怪図鑑」的な書物に取り上げられた妖怪の名前は、一挙に数が膨大になってしまうため、やはり除外した。それでもこの表からは、寛永年間（一六二四～四四）以降、妖怪の名称が急速に増えていったことが見て取れるだろう。

それでは、なぜ十七世紀にこのような妖怪の「カンブリア爆発」とも言うべき現象が起こったのであろうか。ここからは、その謎について考えてみることにしよう。

『古今百物語評判』と山岡元隣

表4を一覧して気づくのは、十七世紀と十八世紀では、妖怪の名称をめぐる状況が若干異なっているという点である。十七世紀に見られる妖怪名称は一見多く見えるが、実はヴァリエーションはそれほど多様ではなく、同じ妖怪名称がいくつもの文献に登場している。いっぽう十八世紀は、まさに際限なく名称が増えていくような状況になっている。まずは、十七世紀の妖怪名称にかかわる状況について確認してみることにしよう。

十七世紀の妖怪名称のうち、複数の書物に見られる名称をまとめたものが表5である。ここに挙げた名称には、二つの隠された共通項を指摘することができる。一つ目は、その大半が貞享《じょうきょう》三年（一六八六）に刊行された『古今百物語評判《ここんひゃくものがたりひょうばん》』のなかで取り上げら

表5　十七世紀の複数の文献に見える妖怪名称

名称	出典
山姫	斎藤徳元『塵塚誹諧集』(一六三三)、野々口立圃『はなひ草』(一六三六)、北村季吟『山之井』(一六四八)、松永貞徳『崑山集』(一六五一)、安原貞室『玉海集』(一六五六)、北村季吟『続山井』(一六六七)、富尾似船『宿直草』(一六七七)、**『古今百物語評判』**(一六八六)
木の葉天狗	斎藤徳元『塵塚誹諧集』(一六三三)、野々口立圃『はなひ草』(一六三六)、山本西武『鷹筑波』(一六四二)、松永貞徳『崑山集』(一六五一)、北村季吟『続山井』(一六六七)、顕成『続境海草』(一六七二)
雪女	山本西武『鷹筑波』(一六四二)、松江重頼『毛吹草』(一六四五)、安原正章『氷室守』(一六四六)、北村季吟『山之井』(一六四八)、松永貞徳『崑山集』(一六五一)、安原貞室『玉海集』(一六五六)、北村季吟『増山井』(一六六七)、北村季吟『続山井』(一六六七)、顕成『続境海草』(一六七二)、『宗祇諸国物語』(一六八五)、**『古今百物語評判』**(一六八六)
見越入道	山本西武『鷹筑波』(一六四二)、北村季吟『続山井』(一六六七)、富尾似船『宿直草』(一六七七)、**『古今百物語評判』**(一六八六)
河童(かわろう)・河太郎	林羅山『新刊多識編』(一六三一)、松江重頼『毛吹草』(一六四五)、**『古今百物語評判』**(一六八六)、人見必大『本朝食鑑』(一六九七)
うぶめ(うぐめ)	林羅山『新刊多識編』(一六三一)、安原正章『正章千句』(一六四八)、富尾似船『宿直草』(一六七七)、『諸国百物語』(一六七七)、**『古今百物語評判』**(一六八六)、『奇異雑談集』(一六八七)、人見必大『本朝食鑑』(一六九七)
轆轤首	林羅山『新刊多識編』(一六三一)、安原正章『正章千句』(一六四八)、『諸国百物語』(一六七七)、清風『おくれ双六』(一六八一)、『宗祇諸国物語』(一六八五)、**『古今百物語評判』**(一六八六)
鎌鼬	北村季吟『山之井』(一六四八)、浅井了意『伽婢子』(一六六六)、**『古今百物語評判』**(一六八六)

髪切虫	松永貞徳『崑山集』（一六五一）、山岡元隣『宝蔵』（一六七一）、洛下寓居『新御伽婢子』（一六八三）
姥が火	浅井了意『東海道名所記』（一六五九）、顕成『続境海草』（一六七二）、井原西鶴『俳諧大句数』（一六七七）、三田浄久『河内鑑名所記』（一六七九）、**『古今百物語評判』**（一六八六）、井原西鶴『西鶴名残の友』（一六九九）
竜田姫	『曾呂利物語』（一六六三）、**『古今百物語評判』**（一六八六）
犬　神	浅井了意『伽婢子』（一六六六）、中山三柳『醍醐随筆』（一六七〇）、**『古今百物語評判』**（一六八六）
龍　燈	北村季吟『続山井』（一六六七）、『奇異雑談集』（一六八七）
仁光坊の火（二恨坊の火）	北村季吟『続山井』（一六六七）、富尾似船『宿直草』（一六七七）、**『古今百物語評判』**（一六八六）、『本朝故事因縁集』（一六八九）
送り狼	富尾似船『宿直草』（一六七七）、杉村西治『二葉集』（一六七九）、人見必大『本朝食鑑』（一六九七）
油盗人（油盗火）	**『古今百物語評判』**（一六八六）、『本朝故事因縁集』（一六八九）

れていること、二つ目は、やはりその大半が当時の俳諧《はいかい》に詠まれていること、である。

『古今百物語評判』は、十七世紀後半から十八世紀前半にかけて数多く刊行された「百物語」をタイトルに冠した怪談集の一つである。それら「百物語怪談集」は、一晩に百の怪談を参加者が一人ずつ語っていく怪談会、「百物語」で語られた話を収録したという体裁で作られているが、この『古今百物語評判』は他の「百物語怪談集」にはないいくつかの特色を持っている。

『古今百物語評判』は、前節で紹介した『宝蔵《たからぐら》』の著者でもあった山岡元隣《やまおかげんりん》の自宅で行われた怪談会の席上で披露された話を書き留めたものという体裁になっている。だが、それはただの怪談会ではなく、出席者がさまざまな怪異について元隣に問い、それに対して元隣が「評判」、つまり合理的な解釈を加えるという形でおこなわれているのである。そして出席者が元隣に問うのは、怪談――「ハナシ」ではなく、さまざまな妖怪――「モノ」についてであり、そのため『古今百物語評判』は怪談集と言うよりも、妖怪に関する百科全書的な性格を持った書物になっている。

元隣は、松尾芭蕉《まつおばしょう》の師でもあった北村季吟《きたむらきぎん》の高弟として、京都の俳諧の世界ではよく知られた人物であった。ただ元隣は、師の季吟に先んじて寛文十二年（一六七二）に没している。『古今百物語評判』は、その跋文《ばつぶん》によれば、元隣の遺稿をその息子（山岡元恕《げんじょ》）が補い、貞享三年に刊行したものとされている。しかし実際は、元隣の家でおこなわれた怪談会に参加した人物（おそらくは『古今百物語評判』の版元である京都の書肆《しょし》、梶川常政《かじかわつねまさ》）が会の記録を元に、天和《てんな》・貞享（一六八一〜八八）の怪異小説ブームに合わせて出版したものと推測されている〔前芝　一九九五〕。文中に元隣自身が「先生」として登場することからも、実際に書いたのが元隣以外の人物であることは明らかである。

元隣は医術を学んでおり、儒学の素養もあった。『古今百物語評判』における元隣の「評判」（解釈）には当時の科学理論と言うべき儒学《じゆがく》（朱子学《しゆしがく》）や医学の思想が明瞭に見られ、これまではそうした文脈での分析がおこなわれてきたのだが、ここでは元隣が俳人であったという事実に注目し、『古今百物語評判』と俳諧との関係について見ていきたい。

雪女と俳諧

『古今百物語評判』巻之四第七「雪女の事 幷《ならびに》 雪の説」は、「某《それがし》」なる人物（おそらく実際の「著者」である梶川常政）が、「此頃おほく俳諧の発句《ほつく》に雪女と申す事見え申し候ふがいかゞ、此ものあるべき物に候ふや」と元隣に問うところから始まっている。当時、俳諧の発句《ほつく》（五七五の句形を持つ句。現在の「俳句」）に「雪女」を詠んだものが多かったというのである。

実は表5のなかで、最も多くの書物に取り上げられた妖怪は「雪女」であった。そして、その大半は俳諧に関する書物（俳書）であり、「雪女」を詠んだ句がそこに収録されていた。例えば正保《しようほう》二年（一六四五）の刊行とされる松江重頼《まつえしげより》撰『毛吹草《けふきぐさ》』は、自序によれば寛永十五年（一六三八）、すなわち島原の乱と同じ年の成立であるが、そこにはすでに次のような「雪女」に関する句を見ることができる。

雲の上の住居《すまゐ》や冨士の雪女　　成政

大比叡《おほびえ》も是はゆるすや雪女　昌意
みめよきか草木もなひく雪女　用久
雪女はだをふれたる男松哉　梅盛
先ふるは雪女もや北の方　重頼

「雪女」の語の初出は、幸若舞《こうわかまい》の「伏見常葉《ふしみときわ》」とされている。雪の降り積もるなか、牛若丸を連れた常葉（常磐御前《ときわごぜん》）が一夜の宿を乞う場面で、宿の主が常葉を雪女ではないかと疑う。「今夜は、雪けしからず降り積みたれば、雪女といふ物か。あら恐ろしや」という言葉から、「雪女」が妖怪的存在としてとらえられていたことがわかる。「伏見常葉」は室町時代末期には成立していたが、広く知られるようになったのはその詞章が『舞の本』として出版されてからのことと考えられる。とりわけ寛永期の製版本が最も流布したものであり、当時「雪女」が俳諧に多く詠まれるようになった背景には、この『舞の本』の流通が大きかったことが推察される〔星　二〇一〇〕。

「俳言」としての妖怪名称

寛文七年（一六六七）の『増山井《ぞうやまのい》』は、北村季吟が俳諧の季題を四季別・月順に配列して簡単な注釈を加えた書物であるが、冬の季題、「雪」の項目のなかで「雪女」が取り上げられ、「山中の雪のうちにある化相《けしよう》の物也」と説明されている。そして「雪女」は、「雪仏」（雪だるま）などと同じく「俳言《はいごん》」であるとされている。

「俳言」とは、伝統的な和歌では詠まれることのない世俗の言葉で、それがあることによって俳諧を俳諧たらしめるものと位置づけられた言葉を指す〔乾　一九九二〕。近代以降の「俳句」では、季語が重要視されるが、初期俳諧ではむしろこの「俳言」のほうが大きな意味を持っていた。つまり「雪女」は、俳諧にふさわしい言葉、「俳言」として選び取られたのである。

そもそも「俳諧」とは「滑稽」を意味する言葉で、近世に俳諧と呼ばれていたものは、正しくは「俳諧の連歌」であり、伝統的な連歌の余技として生まれたものだった。室町時代末期に山崎宗鑑《やまさきそうかん》・荒木田守武《あらきだもりたけ》によって生み出された俳諧は、あくまで余興として詠み捨てられるだけのものであったが、寛永年間に松永貞徳《まつながていとく》によって独自のジャンルとして大成され、その流派は「貞門《ていもん》」と呼ばれた。貞徳は、俳諧とは「俳言」を用いた連歌であると規定し、それによって独自性と大衆性を獲得することに成功した。十七世紀末に松尾芭蕉が現れ、より詩情を重視する俳諧（蕉風《しようふう》俳諧）が江戸時代の俳諧を代表するものになるが、俳諧の本質はもともと滑稽・諧謔《かいぎやく》（パロディ）にあったのである。

松永貞徳の後継者を自負した安原貞室《やすはらていしつ》は、承応《じようおう》二年（一六五三）以降の成立とされる『貞室独吟「曙の」百韻自註』のなかで「見こし入道《にゆうどう》と申す化物は、せいたかくて、人のうしろよりおほひかゝり、つぶりをうちこして人をおびやかし侍るとかや。山寺に侍しといふこと、童部の昔々に語侍る。かゝる由緒なき事まで、俳諧にはつかうまつり侍て苦しからずとかや」と述べている。「見こし入道」とは、夜道を行く人の顔を後ろから頭越しに覗き込んでくる（もしくは、見る見るうちに背丈が伸びる）という入道姿の化け物で、江戸時代にはよく知られた妖怪であった。貞室は、そのような化け物も俳諧に用いてよいと言うのである。つまり妖怪の名称は、「俳言」としての価値を持つものととらえられていたのである。

もっとも貞室は、重頼の『毛吹草』を論難した正保三年（一六四六）の『氷室守《ひむろもり》』のなかで、雪月花の三つは詩歌の題材としていくらでも新しい趣向を凝らすことができるのだから、「異形」のものを好んで取り上げるのは浅ましいことであると、「雪女」に関しては難色を示している。これに対し北村季吟は、慶安《けいあん》元年（一六四八）の『山之井《やまのい》』で、『氷室守』の批判に対し、題に合うのならば「雪女」や「雪仏」などの言葉を用いてもよいとしている。

「雪」は、「雪月花」と並び称されるように、伝統的な和歌のなかでも特に重要な題材の一つであった。ところが、「雪女」となった途端に、それはまったく異なる怪しの存在となってしまう。その点が滑稽・諧謔を旨とする俳諧にふさわしいととらえられたのだろう。

「鬼魅」の名は

「雪女」だけではない。『古今百物語評判』に取り上げられた妖怪の名称の大半が、当時の俳諧の題材となっていた。

『古今百物語評判』の最初のエピソード、巻之一第一「越後新潟にかまいたちある事」では、目に見えず人に大きな切り傷をつけるという現在もよく知られる妖怪「かまいたち」が紹介されているが、慶安元年（一六四八）の北村季吟『山之井』には、すでにこの「かまいたち」を詠んだ発句が載っている。

ふく風や花のえだきるかまいたち

この句を詠んだ季吟はほかならぬ元隣の師である。そして、管見の限りでは、今のところこの句が「かまいたち」という妖怪名称の初出である。

「かまいたち」については、寛文六年（一六六六）刊の怪談集『伽婢子《おとぎぼうこ》』巻之十第五「鎌鼬《かまいたち》付《つけたり》提馬風《だいばかぜ》」のなかで、その伝承が詳しく紹介されているが、俳諧にたずさわる者たちのあいだでは、すでに知られたものであったようだ。少なくともその知識が俳諧のグループのなかで共有されていなければ、句に詠み込まれることはなかったはずである。

そもそも『古今百物語評判』の元になった怪談会の参加者は、元隣と親交のあった俳人たちであった可能性が高い。おそらくは俳人たちのあいだで話題となっていた妖怪について、季吟の高弟たる元隣が、儒学的理論を駆使して「評判」をおこなったというのが、その怪談会の実態ではなかったか。

なお『古今百物語評判』では、「妖怪」にあたる言葉として「鬼魅《きみ》」という語が使われている。「鬼」は幽霊、「魅」は化け物を意味するが、儒学の知識を持っていた元隣ならではの漢語的表現である。『古今百物語評判』は、俳諧に用いられる「鬼魅」の名を挙げ、それに解説を加えた百科全書的な書物であった、ととらえることもできるだろう。

『古今百物語評判』に取り上げられた「鬼魅」の名と、それを題材とした俳諧について、続けて少し見ていくことにしよう。

見越し入道

巻之一第六には、先に触れた「見越し入道」という妖怪が取り上げられているが、寛永十九年（一六四二）刊の山本西武《やまもとさいむ》撰『鷹筑波《たかつくば》』には、それを詠んだ句がすでに見えている。

かげぼしやみこし入道山の月

『古今百物語評判』のなかで元隣は、「見越し入道」とは自分の影法師を見間違えたものだとの説を述べている。この「見越し入道」＝影法師、という解釈は、早くから広まっていたと思われ、この句はそれを前提として詠まれたものと考えられる。

また、「見越し入道」は、「見越しの松」（塀の上を越して見える松）との連想から、「松」の付合《つけあい》（俳諧の連歌において句どうしを関係づける語）に用いられることもあった。

葵を草の枕はつるる
　岡のかたをや見こし入道　　久任
時鳥松を赤石の泊木に
　むら雨のひかたへミゆる際目論　　一幽
（松江重頼撰『懐子《ふところご》』万治三年〈一六六〇〉跋）

これは連句《れんく》になっており、久任《ひさとう》が詠んだ「岡のかたをや見こし入道」の短句（七・七の句）に一幽《いちゆう》（談林派《だんりんは》の総帥、西山宗因《にしやまそういん》）が長句（五・七・五の句）を付けているが、「見越し」の付合として「松」を詠み込み、また「入道」から『源氏物語』の「明石の入道」を連想し、「赤石（明石）」を詠み込んでいる。また、喜多村筠庭《きたむらいんてい》は文政十三年（一八三〇）

の『嬉遊笑覧《きゆうしょうらん》』のなかでこの句を取り上げ、「時鳥《ほととぎす》」もまた「がんばり入道ほととぎす」という唱え言からの連想であるとしている（後に紹介するように、「がんばり入道」も妖怪の名称である）。このように見ていくと、「見越し入道」はさまざまな言葉と関連づけることができる、「俳言」としてはかなり「使える」言葉だったようだ。

轆轤首とうぶめ

巻之一第二の「轆轤首《ろくろくび》」、巻之二第五に取り上げられた「うぶめ」はともに慶安元年（一六四八）の安原正章《せいしょう》（貞室《ていしつ》）の『正章千句《まさあきらせんく》』に見える。

みどり子がべゞぬらしてはかたいざり
　うぶ女《め》は溝にすむときくなる
月くらき雲間に叫ぶ鵺の鳥
（略）
うらみてはうつぶき又はあちらむき
　轆轤頸《ロクロクビ》とやきみが成らん
傘《カラカサ》のほね身にしめる恋かぜに

「みどり子」から、赤子を抱いてくれとあらわれる「うぶめ」を詠んだ句を付け、さらに「うぶめ」が子どもをさらう中国の伝説上の怪鳥「姑獲鳥《こかくちょう》」と重ね合わされたことから、同じく怪鳥である「鵺」の句が付けられている。寛永八年（一六三一）に刊行された林羅山《はやしらざん》の『新刊多識編《しんかんたしきへん》』では、「姑獲鳥」の和名として「うぶめどり」と「ぬえ」が当てられているが、正章の句はそれを踏まえたものかもしれない。ちなみに同書には、「飛頭《ひとう》蛮《ばん》（首だけが体から離れて飛ぶという南方の異民族）」の和名として、「ろくろくび」の名前も見えている。

「轆轤頸」は、前の句の首をあちこちに向けるさま、そして「首を長くして待つ」という慣用句から連想されたものと思われ、また傘の骨を束ねる部分を「轆轤」と呼ぶことから、後の「傘」の句へとつながっている。

「付合」と妖怪

俳人たちが妖怪に関心を寄せたのは、妖怪の名前が「俳言」としての価値を持つものと見なされたからであるが、江戸時代の俳諧がのちの「俳句」とは異なり、連歌（連句）であったことが、その価値をさらに高めたと考えられる。

連歌は、ある人が最初に詠んだ五七五の句（発句）に、別の人が七七の句を付け、さらに別の人がそれに五七五の句を付け……という形で続けていくものであった。そのため連歌は必然的に複数の人間でおこなうものとなり、これが人的ネットワークの形成にもつながっていくのだが、単に前の人の句につながる句を詠めばよいというものではなく、そこにはさまざまなルールがあった。

Aの句に別の人がBの句を、さらにBの句に別の人がCの句を付ける場合、隣接するA・B、またB・Cは言葉や意味の上で連鎖するが、AとCは無関係であることが要求される。つまり、前の句の意味を絶えず別の意味に転換していくことが、連歌では要求されたのである。また、ある語と語のあいだに多くの人に共有された意味の関係性が見いだせる場合、その関係性を「付合」と呼び、特に貞門俳諧では、それに基づいて句を付けていくことが求められた。先に紹介した「見越し入道」の連句で言えば、「見越し」と「松」、「入道」と「赤石（明石）」「時鳥」が「付合」の関係にある。つまり、多義的な語であればあるほど、多くの「付合」を通じて意味を転換させることができる。さまざまな伝承を背景にした妖怪は、「付合」にうってつけの素材だったと言えるだろう。

例えば正保二年（一六四五）刊の松江重頼による俳諧指南書『毛吹草』の巻第三「付合」は、俳諧に詠まれる語をいろは順に分類し、それらと「付合」の関係にある語を列挙したものであったが、「髑髏」には「頸《くび》」、「鼻」には「天狗」、「力」には「川童《かわろう》」（河童《かっぱ》は相撲好きとの伝承から）、「送」には「狼」（「送り狼」〈後述〉の伝承から）、「虫」には「髪」

（「髪切虫」から）、「雀」には「人の魂」（藤原実方《さねかた》の魂が雀に化したという「実方雀」の伝承から）など、妖怪の伝承に基づく「付合」を多く見ることができるのである。

仁光坊の火

ここからは、『古今百物語評判』巻之四第九で取り上げられた「仁光坊《にんこうぼう》の火」を例として、妖怪に関する知識と俳人たちのネットワークとの関係について考えてみることにしよう。

『古今百物語評判』の「仁光坊の火」は、次のような話である。

摂津国芥河《せっつのくにあくたがわ》（現大阪府高槻市）の辺りに代官がいた。そのもとに仁光坊という真言僧が出入りしていたが、美僧であったために代官の妻が懸想した。しかし想いは届かず、逆恨みした妻は仁光坊に言い寄られていると代官に讒言《ざんげん》した。斬罪となった仁光坊の怨念は、代官の一族を残らず取り殺し、その亡骸が埋められたところの山際からは、法師の首がある火の玉があらわれるとされた。

この「仁光坊の火」を詠んだ句は、すでに寛文七年（一六六七）刊の『続山井《ぞくやまのい》』に見えている。

飛《とぶ》蛍雨けの火にやにかう坊　　常俊

『続山井』には、最盛期の季吟門下の人びとが句を寄せており、元隣も四十九句を載せている。少なくとも季吟門下の人びとのあいだでは、「仁光坊の火」の伝承はよく知られていたようだ。

　この「仁光坊の火」については、ほぼ同じ筋立てながらさらに詳細な話が延宝《えんぽう》五年（一六七七）刊の怪談集『宿直草《とのいぐさ》』に載っている。ただし、物語の舞台は摂津国嶋下《しましも》郡の溝杭《みぞくい》の里（現大阪府茨木市）、『古今百物語評判』で言う「代官」は村長の「溝杭殿」となっている。

『宿直草』は貞門俳人の荻野安静《おぎのあんせい》が収集した怪異譚を、弟子の富尾似船《とみおじせん》が編集し出版したものとされている。似船は元隣の俳文集『宝蔵』に句を寄せており、元隣の息子元恕の「秀才なるをめで、申遣す」として詠まれた句の筆頭に、似船の「文好む木みは利根をにほひかな」「香にきえて梅花をうづむ雪もなし」の二句が挙げられていることから、元隣と似船が親しい間柄だったことが推察される。

　この二人の関係性を考えるならば、『古今百物語評判』の「仁光坊の火」の話は、似船から直接聞かされたものであった可能性が高い。『宿直草』の出版は延宝五年で、『古今百物語評判』の出版より早いが、元隣は寛文十二年に亡くなっているので、『古今百物語評判』の「仁光坊の火」の話が元隣たちの怪談会で語られたものとするならば、その情報源は出版された本ではなく似船本人だったと考えられるのである。

『宿直草』と俳諧

『古今百物語評判』と『宿直草』はともに貞門俳人の著作であり、そこに記された情報が俳人間の人間関係のなかで共有されていた可能性がある。その視点で今度は『宿直草』を見てみると、そこに取り上げられた妖怪もまた『古今百物語評判』と同様に、俳諧の題材として用いられたものが多いことに気づく。

例えば巻一第十一「見こし入道をみる事」では「見越し入道」が、巻五第一「うぶめの事」では「産女《うぶめ》」が取り上げられている。巻四第三「をくりおほかみといふ事」では、夜道を後ろからついて来て、転んだ者をたちまち食い殺すという「送り狼」の伝承が取り上げられているが、延宝七年（一六七九）の杉村西治編『二葉集《ふたばしゅう》』には、「恋の闇ころばぬやうに心懸《こころがけ》／かぶろはづいて送り狼」「胸におもふ火縄の煙立添《たちそへ》て／あとより恋の送り狼」と二つの「送り狼」の句が見える。早く明暦《めいれき》二年（一六五六）序の『玉海集《ぎょくかいしゅう》』にも「跡はそんそとこはき野のすゐ／をくりくる狼の目や光るらん」の句がある。

巻三第五「やま姫の事」では、「山姫」という妖怪が紹介されている。ある男が狩りのために分け入った深山で、美しい小袖を着た年のほど二十歳ばかりの美女に出会う。山中にこのような女性がいるわけがないと恐ろしくなった男は美女を鉄砲で撃つが、二発放った弾はいずれもつかみ取られてしまった。男は急いで逃げ帰ったが、村の年寄りは「それは山びめといふものならん。気にいれば宝などくるるといひふれり」と語ったという。「山姫」は『古今和歌集《こきんわかしゅう》』などに載る和歌にも詠まれている言葉で、山を女性に例えて言ったものだった。俳諧にも多く詠まれているが、「俳言」と言うよりはむしろ伝統的な和歌で用いられる「雅言《がごん》」に近い。つまり『宿直草』の「やま姫の事」は、「雅言」の妖怪化とも言うべきエピソードなのである。

このように、『宿直草』もまた俳人ならではの怪談集であった、と言うことができるだろう。

妖怪名称と俳諧ネットワーク

天和三年（一六八三）刊の『新御伽婢子《しんおとぎぼうこ》』、貞享二年（一六八五）刊の『宗祇諸国物語《そうぎしょこくものがたり》』という二つの怪談集は、いずれも京都の書肆西村市郎右衛門が版元で、またその作者でもあったと見られているが、市郎右衛門は未達《みたつ》の号を持つ貞門の俳人であり、『誹家大系図』によれば山岡元隣の門人であったともいう。前芝憲一は、『古今百物語評判』巻之一第四「西の岡の釣瓶《つるべ》をろし幷《ならびに》陰火陽火の事」で語られた「釣瓶おろし」という怪火《かいか》の話と、『新御伽婢子』巻三の八「野《や》叢火《そうのひ》」の後半で語られた、「寛文の比《ころ》」に「去人《さるひと》」が出会ったという怪火の話は、元隣の家でおこなわれた怪談会の場で語られた同じ話であったと推測している〔前芝　一九九五〕。このように、十七世紀の妖怪の名称の大半は俳諧を通じた情報のネットワーク、「俳諧ネットワーク」〔中嶋　一九九四〕と言うべきもののなかで共有されており、俳人たちはそれを前提として句を作り、また収集された伝承をもとに、怪談集を著していたのである。

この「俳諧ネットワーク」の存在は、十七世紀において多くの妖怪名称が広く共有されたものとなる上で大きな役割を果たしたが、そのいっぽうで、逆にそのヴァリエーションを限られたものに固定するという結果をもたらした。それは、結局のところ同じ妖怪が「俳諧ネットワーク」の内部を循環し続けていたからであり、またこの時期の俳諧人口の大半が京・大坂に集中し、妖怪の名称も多くは上方周辺に伝承されていたものに限られていたためである。これに対し十八世紀には、各地に生まれた地方文人たちが、それぞれの地域の妖怪伝承を収集・記録するようになり、妖怪名称の爆発的増殖へとつながっていくのである。

松尾芭蕉の「妖怪趣味」

ところで延宝・天和期（一六七三〜八四）は、『宿直草』『諸国百物語』『新御伽婢子』といった怪談集が続々と刊行された時期であったが、安保博史によれば、この時期の俳諧には、幽霊や妖怪などを好んで題材として取り入れる「妖怪趣味」というべき傾向が見られるという〔安保　一九八七〕。

このころ、俳壇の中心は貞門派から、大坂を拠点とした談林派へと移っていた。談林派は、大坂天満宮連歌所宗匠《そうしょう》であった西山宗因を総帥と仰ぎ、マンネリズムに陥りつつあった貞門派の俳諧への反動として、謡曲の詞章や漢詩漢文などを取り込んだり、和歌の「雅言」に卑俗な言葉を組み合わせたりして意外な表現が生まれることをめざし、その結果意味不明な句（「無心所着《むしんしよじやく》」という）が生まれることもむしろ歓迎した。また、俳諧を一種の「寓言《ぐうげん》」（たとえ話）ととらえ、非現実的な見立てに基づいた奇抜な虚構性に満ちた表現を良しとした。そのなかで、新奇な趣向の一つとして、幽霊や妖怪、また血や生首など残虐なイメージの言葉を用いた「ホラー俳諧」「スプラッター俳諧」的な句が生まれたようだ。もちろんこれには同時期の怪談集出版の影響が考えられる。

この談林派の「妖怪趣味」を担った俳人の一人に松尾芭蕉がいる。ただしこのころはまだ桃青《とうせい》の俳号を名乗っていた。

芭蕉は最初宗房《むねふさ》の名前で、貞門派の季吟の門下で俳諧を学んでいたが、のちに桃青と改号し、宗因流を標榜して談林派の俳人として活躍を始める。延宝九年（一六八一）の『俳《はい》諧次韻《かいじいん》』は、桃青とその門人である其角・才丸《さいまろ》（才麿）・楊水《ようすい》が詠んだ連句を納めるが、これがとりわけ「妖怪趣味」の横溢したものとなっている。

先祖を見知ル霜の夜語り　水
灯火をくらく幽灵《ゆうれい》を世に反ス也　角
古きかうべに鬘《カツラ》引かけ　青

楊水の句の「先祖」の付合で其角が「幽霊」の句を付け、さらに桃青が「かうべ」、すなわちしゃれこうべ（髑髏）の句を付けている。安保博史によれば、この桃青の句は狐が髑髏を頭にいただいて美女に化けるという伝承を踏まえたものと解することができるという〔安保　二〇一八〕。

槌を子にだくまぼろしの君　青
古家の泣《ナク》声闇にさへなれば　丸
いたちの禿倉《ホコラ》風の荒ぶる　水

これも怪しげな雰囲気に満ちた連句だが、桃青の句に詠まれた「槌」とは、「槌子《つちのこ》」とも呼ばれる目鼻口のない化け物を指すと思われる。江戸時代初期に成立したとされる怪談集『奇異雑談集《きいぞうだんしゅう》』上巻六「獅子谷《ししがたに》にて鬼子を産《うみ》し事」には、ある女が目鼻口のない子どもも、「槌子」を産んだということが書かれている。伊藤龍平によれば、江戸時代には目鼻のない人間を「槌」と呼ぶことがあり、芭蕉もそれを知っていたという〔伊藤　二〇〇八〕。これは今なら「のっぺらぼう」と言うところであるが、興味深いことに、『俳諧次韻』で芭蕉は「のっぺらぼう」についての句も詠んでいる。

渾沌《ヌペツポウ》翠《ミドリ》に乗て気に遊ぶ　青

ここでは「渾沌《こんとん》」という文字に「ヌペッポウ」という読みを当てている。「渾沌」は中国・戦国時代の寓話集『荘子《そうじ》』に登場する、目も鼻も耳も口もない神の名である。俳諧を一種の寓言と位置づけていた談林派は、『荘子』の世界を一つの理想像としていたが、このころの芭蕉も『荘子』に傾倒しており、「翠に乗て」「気に遊ぶ」という表現も『荘子』に基づいたものである〔廣田　一九五六〕。

いっぽう、「ヌペッポウ」は「のっぺらぼう」の江戸時代における呼び名であった。元文二年（一七三七）写とされる『百怪図巻』には、ぶよぶよした白い肉の塊のような怪物「ぬっぺっぽう」が描かれている（図5）。明和四年（一七六七）刊の『新説百物語』にも、目鼻口耳のない化け物として「ぬっぺりほう」が登場する。

「渾沌」は目鼻口のない神であったから、まさに「のっぺらぼう」である。顔のない化け物の話は、『源氏物語』にも「目も鼻もない女鬼《めおに》」と語られているように、古くからあったようだが、「のっぺらぼう」に類する名前は、管見の限りではこの芭蕉の句が初出である。つまり「のっぺらぼう（ヌペッポウ）」について最初に文献に遺したのは松尾芭蕉だということになる。

こうした「妖怪趣味」は、当時の談林俳諧全般に見られた傾向だったが、安保博史は、妖怪的素材の使い方において、芭蕉一門と他の談林派のあいだには一線を画するものがあることを指摘している。

図５　ぬっぺっぽう（『百怪図巻』福岡市博物館蔵／画像提供：福岡市博物館／DNPartcom）

例えば同じ幽霊という題材を使いながら、宗因は「幽霊は小便するとてうせにけり」（『二葉集』）などと幽霊を擬人化することによって滑稽を生み出すのに対し、其角の「灯火をくらく幽灵を世に反ス也」の句は、幽霊そのものの怪異な雰囲気によって沈鬱な趣を生み出すことを旨とする。また、「鵺」を題材として用いる時、談林俳諧では「かしらは猿足手は人よ壬生念仏」「時鳥鳴声鵺に似たりけり」「黒雲一村立いなか者／なまり声なく声鵺に似たりけり」など、謡曲の『鵺』の詞章（「頭は猿尾はくちなは、足手は虎の如くにて鳴く声鵺に似たりけり」「黒雲一村立ち来つて」）を典拠としたパロディを志向することが多いのに対し、其角は「蜑《あま》の捨子の雨を啼声／朝わたる荒洲の鵺の毒を吐」と、凶鳥「鵺」の不吉で不気味なイメージを利用して、捨て子の凄惨な情景を描いている。

ここには、「俳言」に基づく言語遊戯的な初期俳諧から、詩情を重視する蕉風俳諧への転換の徴候を見ることができるだろう。これは十八世紀後半の、俳諧と妖怪をめぐる状況に再びかかわってくることになる。

「姥が火」をめぐる俳諧ネットワーク

貞享《じょうきょう》二年（一六八五）に刊行された井原西鶴《いはらさいかく》の『西鶴諸国ばなし』の一エピソード「身を捨《すて》て油壺」には、火を噴く老婆の首の化け物が登場する。

河内の姥が火

河内国《かわちのくに》平岡の里に、美貌で知られた娘がいたが、どういう因果か、恋仲になった男が十一人まで次々と死んだため、やがて人から恐れられるようになり、独身のまま八十八の老婆になった。老婆は糸紡ぎを世過ぎとしていたが、灯明の油に事欠き、夜な夜な平岡大明神の灯明油を盗んでいた。不審に思った神主らが、弓と長刀で武装して待ち構えていると、老婆があらわれたので、雁股《かりまた》の矢で射たところ、老婆の首は切断

図６　姥が火（『画図百鬼夜行』）

され、そのまま火を噴きながら天に上っていった。それからというもの、夜な夜なこの老婆の首の火が出るようになった。この火に飛び越されると三年以内に死ぬとされたが、「油さし」と言うとたちまち消え失せたという。

これは、河内国の枚岡《ひらおか》神社（現大阪府東大阪市出雲井町）にまつわる伝説として広く知られた「姥《うば》が火《ひ》」という妖怪の伝承を題材とした物語である。『西鶴諸国ばなし』は、一見怪談集の体裁を取りながら、序文に記された「人はばけもの、世にない物はなし」という言葉からうかがえるように、人知を超えた怪異よりも、人間そのものの不可思議さに焦点を合わせた話の集となっている。このエピソードで言えば、老婆の生い立ちに関する部分がそれにあたり、この部分はおそらく西鶴の創作であろう。

図７　姥が火（『雪女廓八朔』東京都立中央図書館蔵）

「姥が火」については、十七世紀末から十八世紀初めごろにかけて、この伝説を元にした謡曲『姥火《うばがひ》』が作られ〔今泉　二〇一二〕、享保《きょうほう》五年（一七二〇）には浄瑠璃《じょうるり》『河内国姥火《かわちのくにうばがひ》』が作られている。また寛延《かんえん》二年（一七四九）には青本『うはがひ』、文化三年（一八〇六）には黄表紙《きびょうし》『河内老媼火《かわちのうばがひ》／近江手孕村《おうみのてばらみむら》　敵討《かたきうち》両《ふたつ》輌車《ぐるま》』、文政十一年（一八二八）には合巻『河内の国姥火物語』が刊行されている〔佐藤　二〇一二〕。鳥山石燕《とりやませきえん》が描いた江戸時代の「妖怪図鑑」、安永五年（一七七六）刊の『画図百鬼夜行《がずひゃっきやぎょう》』にも「姥が火」（図６）が描かれており、天明八年（一七八八）刊の黄表紙『雪女廓八朔《ゆきおんなさとのはっさく》』

には、雪女や化け猫といった定番の妖怪キャラクターに交じって、「姥が火」が登場人物（化物）の一人として描かれている（図7）。なお、『雪女廓八朔』の挿絵を描いたのは美人画で知られる喜多川歌麿《きたがわうたまろ》だが、歌麿は石燕の弟子であったので、師弟ともに「姥が火」を描いたことになる。

正徳《しょうとく》二年（一七一二）刊の大坂の医師寺島良安《てらじまりょうあん》による百科事典『和漢三才図会《わかんさんさいずえ》』の巻七十五「河内国」や、享和《きょうわ》元年（一八〇一）刊の『河内名所図会』などの地誌類でも、「姥が火」は河内国の名物として紹介されている。このように、「姥が火」は江戸時代にはよく知られた妖怪の一つだったと言える。

『河内鑑名所記』の姥が火

この河内国の「姥が火」の伝承を最初に紹介したのは、延宝七年（一六七九）に刊行された『河内鑑名所記《かわちかがみめいしょき》』である。

> 此因縁を尋に、夜る〱平岡の明神の灯明の油を、盗侍る姥有しに、明神の冥罰《めうはつ》にや、あたるらし、彼《かの》姥なくなりて後、山のこしを、とびありく、光り物いてきて、折〱人の目をおとろかしけるに、彼火炎《くわゑん》の躰ハ、死しける姥か首よりして、ふきいたせる火のことく見え侍る故ニかの姥か妄執《もうしう》の火にやとて、則、世俗《ぞく》に、姥か火とこそ、つたへけれ

高安、恩知迄も飛行、雨けなとにハ今も出る、と也

枚岡神社の灯明の油を常習的に盗み取っていた老婆が、その神罰により、死後に老婆の首の形の怪火《かいか》と化した、という「姥が火」の物語が、すでにこの時点でできあがっていたことがわかる。

この『河内鑑名所記』の著者、三田《さんだ》浄久《じょうきゅう》は、通称七左衛門、屋号を大文字屋と称した河内国柏原《かしわら》村の肥料商であった。大和川の川船（柏原船）を使って河内平野の農村部に油糟《あぶらかす》・干鰯《ほしか》などの金肥《きんぴ》を供給し、また木綿や菜種などの商品作物を大坂の市場に運び出すという商売で財を成したが、家業のかたわら浄久の俳号で俳諧をよくした。松永貞徳《まつながていとく》に俳諧を学び、貞門《ていもん》の安原貞室《やすはらていしつ》・北村季吟《きたむらきぎん》、また談林《だんりん》派《は》の井原西鶴・岡西惟中《おかにしいちゅう》とも親交を持っていた。元禄十二年（一六九九）刊の『西鶴名残《なごり》の友』にも「無類の俳諧好《ずき》」として登場し、貞室を自家に招いたエピソードが紹介されている〔今田　一九七七、横田　二〇〇二〕。

この浄久が七十二歳の時に京都の書林西村七郎兵衛から出版したのが『河内鑑名所記』であった。河内国の名所・旧跡、また産物や伝承を挿絵入りで紹介しているが、単なる地誌ではなく、俳書としての性格をも持っていた。それぞれの名所・旧跡・産物・伝承を紹

介した後に、それらを詠み込んだ句が添えられていたのである。句を寄せたのは二六〇人にも及ぶ浄久の俳友たちであった。先に引用した「姥が火」についての文章の後にも、三首の狂歌《きょうか》と十一の発句が載せられている。ここでは一つの句を挙げておこう。

姥か火かほしか河内に飛蛍

この句を詠んだのは大坂の桜井素玄《さくらいそげん》という談林派の俳人であった。京都を中心とした貞門派に対し、談林派は大坂・堺を拠点としていた。貞門に学んだ浄久であったが、地理的に近い大坂の談林派の人びととも緊密なネットワークを築いていたようだ。

右に挙げた素玄の句は、すでに寛文十二年（一六七二）刊の談林派の俳諧集『続境海草《ぞくさかいぐさ》』にも見えるものである。このほかにも、同時代の談林派の俳諧集にはいくつか「姥が火」を詠んだ句が見られる。

ひら岡へくる姥玉のよるの月　幾音（『大坂独吟集』寛文十三年〈一六七三〉）

姥が火も思ひに燃る花の陰

夢の春とよ平岡の月　西鶴（『俳諧大句数』延宝五年〈一六七七〉）

後者は、西鶴が詠んだ連句の一部を抜き出したものである。西鶴はもっぱら浮世草子《うきよぞうし》の作者として知られているが、本来は宗因《そういん》とともに大坂の談林派を主導した俳諧師であった。

ここでは『西鶴諸国ばなし』以前に、西鶴がすでに「姥が火」を俳諧に詠み込んでいたことに注目したい。このように、大坂の談林派の俳人のあいだでは「姥が火」の伝承が共有されていたが、その情報源は河内の浄久だったのではないだろうか。それに創作を加える形で西鶴が著したのが『西鶴諸国ばなし』のエピソードだったと考えられる。

いくつもの「姥が火」

「河内の姥が火」の伝説は、謡曲や浄瑠璃、草双紙などの題材となり、また地誌を通じて多くの人びとに知られるようになっていったが、実は十七世紀には、「河内の姥が火」とは異なる「姥が火」の伝承が複数存在していた。

万治《まんじ》四年（一六六一）の刊行とされる浅井了意《あさいりようい》『東海道名所記』には、山崎（現京都府乙訓郡大山崎町・大阪府三島郡島本町）・茨木《いばらき》（現大阪府茨木市）に出たという「婆《うば》が火」のことが記されている。これについては名のみで伝承の中身が伝えられていないが、少なくとも最初に書物に記された「姥が火」であると言うことができる。だがそれは河内の「姥が火」ではなかったのだ。

また、『古今百物語評判《ここんひやくものがたりひようばん》』巻之四第九「舟幽霊付《つけたり》丹波の姥が火付津の国仁光坊が事」には、丹波保津川《ほづがわ》の「姥が火」が紹介されている。

亀山（現京都市右京区亀山）に、養育できない子どもの引き取り先を世話することをなりわいとした老婆がいた。しかし親から金を取っておきながら、実際には引き取り手を探すこともなく子どもは川に流して殺していた。当時はいまだ世の治まらないころであって、罪に問われることはなかったが、天罰によるものか、洪水で老婆は溺れ死んでしまった。それから後、保津川に夜ごと火の玉が現れるようになり、「姥が火」と呼ばれたという。

ここに記された「姥が火」の伝承は、河内のそれとはまったく異なったものである。これらからわかるのは、「姥が火」という名の怪火の伝承が、河内国に限らず関西地方に広く分布していたということである。

いっぽう、『古今百物語評判』巻之三第七「比叡の山中堂油盗人《あぶらぬすびと》と云ふ化物　付《つけたり》青鷺の事」には、河内の「姥が火」伝承と共通する「油を盗む」というモチーフを持つ、近江《おうみ》の「油盗人」という怪火の伝承が紹介されている。かつて、比叡山延暦寺《ひえいざんえんりやくじ》中堂の油料を管理することで富を得ていた「東近江の住人」が、時代の変遷によってその知行を失い、無念の思いを抱えたまま死んだ後に、怪火となって夜ごと中堂の灯火のもとへ向かうようになり、「油盗人」と名づけられたのだ、という。これは老婆ではなく、坊主の顔のある怪火として描かれている（図8）。

　ここで紹介された伝承には実際に「油を盗む」という行為は見られないが、元禄二年（一六八九）の『本朝《ほんちょう》故事《こじ》因縁集《いんねんしゅう》』には、江州《ごうしゅう》大津《おおつ》の辻の地蔵に奉納された灯明の油を盗んでいた者が、死後に「油盗」という怪火となったという伝承が紹介されており、「油を盗む」モチーフを有する伝承も存在していたことがうかがえる。ちなみに山岡元隣《やまおかげんりん》の師、北村季吟は近江の出身であり、元隣自身も近江の俳人たちとは親交が深かった〔寺 二〇一二〕。「油盗人」の情報源はそのあたりにあるのだろう。

図8　油盗人（『古今百物語評判』）

　つまり、『古今百物語評判』には「姥が火」の名で河内のものとは異なる怪火が紹介され、河内の「姥が火」とよく似た「油盗み」のモチーフを有する怪火として近江の「油盗人」が紹介されていることになる。『河内鑑名所記』と『古今百物語評判』はほぼ同時代のものであるが、浄久と元隣、それぞれが形成していた「俳諧ネットワーク」の違いが、そこにあらわれているように思われる。それはすなわち、大坂の談林派を中心とした浄久─西鶴の「姥が火」ネットワークと、京都の貞門派正統である季吟─元隣の「油盗人」ネットワークの違いと表現することができよう。

怪異の日常化と妖怪の名づけ

怪火見物

ところで、西鶴《さいかく》は元禄十二年（一六九九）刊の『西鶴名残《なごり》の友』「年わすれの糸鬢《いとびん》」で、再び「姥《うば》が火《ひ》」を取り上げている（ただし、『西鶴名残の友』自体は西鶴没後の出版である）。

大坂道頓堀《どうとんぼり》の大和屋甚兵衛《やまとやじんべえ》座の役者たちが、年忘れの俳諧の集まりに出かけ、酒の勢いもあって、玉造稲荷《たまつくりいなり》（現大阪市中央区）の観音堂で「姥が火」見物に興じることになる。

亭主、山〳〵を案内《あない》して、「扨《（さて）》、あれなる森より、世に沙汰いたす姥が火を、御地走《ちそう》に御目に懸《かく》べし。もはや、八つの鐘も突たれば、出る時分」と、いひもはてぬに、雲にひかり移りて、子どものもてあそぶ程成、鬼灯《ほうづき》ちやうちん程成火に、数百筋の糸を引て、きり〳〵と舞あがるは、おそろしく、おもしろし。「まゝならば、あの火を爰《（ここ）》に取よせ、たばこ呑《のみ》たし」といふ。「火鉢へ入てあたりたし」といふ。「伽羅《きやら》を焼《たき》たし」と、心〳〵にてんがう口をいひ捨ける。

「あれは、手をたゝけば是へくる」といふ。皆〳〵立ならびて、手をうてども、此火きもせず、へんじもせず。「扨は、此なかに本客がないと、姥が火も見立て、ぶあしらいにすると見えたり。是非ともによびよせ」といへば、こんがうども、気勢にまかせ、「ほい〳〵」とまねけば、此声に付て飛きたり、いづれものかしらの上に火をふけば、気を取うしないておそれをなし、やう〳〵魂《たまし》ひすへて、こんがうども我身を見れば、やけどにあふて、髪の毛のこげぬはなし。百兵衛ばかり、何の子細もなきは、糸鬢の徳、此時見せたり。

ここに登場する役者たちは実在の人物で、西鶴の俳諧の門人たちだった。この話では、最後は「姥が火」によって皆ひどい目に遭っているが、それはさすがに西鶴の創作であろう。だが、俳人たちの「姥が火」見物は実際にあったことなのかもしれない。というのは、江戸時代には多くの人びとが怪火《かいか》を見物に行くということがしばしば見られたからである。

王子の狐火

有名なものとしては、「王子《おうじ》の狐火《きつねび》」と「不知火《しらぬい》」を挙げることができるだろう。まずは「王子の狐火」について紹介しておこう。

江戸の王子稲荷（現東京都北区）は関八州《かんはっしゅう》の稲荷の棟梁《とうりょう》とされ、毎年大晦日の夜には関東の狐たちが集まり、無数の狐火を灯すとされていた。寛永十八年（一六四一）の『若一王子《にゃくいちおうじ》縁起絵巻』（図9）下巻第一段には、次のように記されている。

> 此社のかたハらに、稲荷明神をうつしいハひけれハ、毎年臘晦夜、諸方の命婦《みょうぶ》、此社へ集りきたる、其ともせる火の山中に、つらなりつゝける事、そくはくの松明をならふるかことく、数斛《こく》の蛍をはなち、飛しむるにたり、其道の山をかよひ、川辺をかよへる不同を見て、明年の豊凶をしるときこゆ

毎年大晦日の夜に諸国の命婦（狐）が集まり火を灯す、そしてそれが地元の住民にとって翌年の豊凶を占う徴《しるし》となっていた、という江戸時代にはよく知られていた「王子の狐火」の伝承が、寛永年間にはすでに完成していたことがわかる。

寛文二年（一六六二）に浅井了意《あさいりょうい》によって著された地誌『江戸名所記』には、王子神社の別当寺である金輪寺《きんりんじ》が江戸の名所としてはじめて紹介され、「毎年十二月晦日の夜ハ、関八州の狐どもこの所にあつまり狐火をともす。この地下人等《じげにんら》は、燐火《きつねび》のとぼりやうに

依《より》て、田畠のよしあしをしるとなり」と、「王子の狐火」の伝承についても記されている。同じく江戸の名所を紹介した享保十七年（一七三二）の菊岡沾涼《きくおかせんりよう》『江戸砂子《えどすなご》』の「王子稲荷社」の項目にも同様の記述があるが、「年毎に刻限おなじからず。一時ほどのうち也。宵にあり、あかつきにありなどして、これを見んために遠方より来るもの、むなしく帰る事多し。一夜とゞまれば必見るといへり」と記していることから、当時、狐火を見に遠くから訪れる者が多かったことがうかがえる。芭蕉《ばしよう》と同時代の談林派の俳人、山口素堂《そどう》にも「年の一夜王子の狐見にゆかん」（『続虚栗《ぞくみなしぐり》』貞享《じようきよう》四年〈一六八七〉）の句がある。

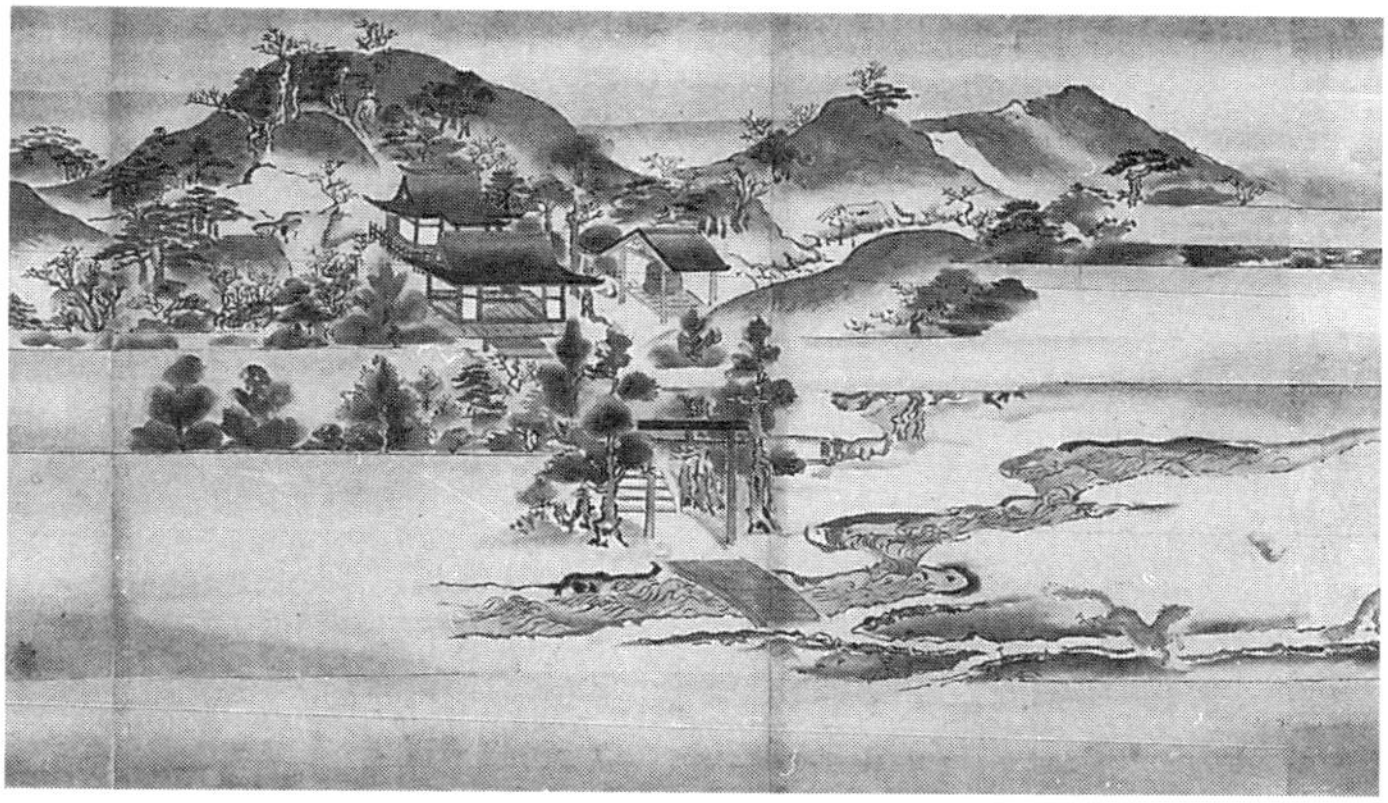

図9　『若一王子縁起絵巻』下巻（紙の博物館蔵）

不知火

「不知火」は、七月晦日の夜に肥後国《ひごのくに》（熊本県）の八代海、また有明海にあらわれるという怪火である。「不知火」という名は、『日本書紀《にほんしょき》』の景行《けいこう》天皇にまつわるエピソードを由来としている。天皇は九州の熊襲《くまそ》征伐のため船で火の国（肥の国）に向かったが、海上で日が暮れてしまい陸地がどこかわからなくなった。遠くに見える火を目印にして船を岸に着けることができたが、その火は誰が灯したものかわからなかった。そこで人の灯した火ではないことが知れたので、その国を火の国と名づけたという。これが「不知火」という言葉の由来で、『万葉集《まんようしゅう》』では、「しらぬひ」は筑紫《つくし》の枕詞《まくらことば》ともなっている。

だが、『日本書紀』や『万葉集』の「不知

火」と、八代海の「不知火」とは別のものであるという指摘はすでに江戸時代からあった。『日本書紀』の「不知火」は陸地に見える火であるが、八代海の「不知火」は海上に見える怪火である。「不知火」の研究をおこなった生物学者の神田左京によれば、八代海の「不知火」の最古の実見記は享保五年（一七二〇）の新井白石《あらいはくせき》『高子観遊記《こうしかんゆうき》』で、それは元禄五年（一六九二）に長崎の深見作左衛門という人物が見たものだという〔神田　二〇〇五〕。

八代海の怪火について記した諸書（『高子観遊記』『古事記伝』『不知火考』）はいずれも、地元の住民は「龍灯《りゅうとう》」と言っている、と述べている。おそらくこちらが本来の名称だったのが、誰か『日本書紀』や『万葉集』などの書物に通じた知識人が「不知火」と名づけたのが定着したのであろう。

京都の医師、橘南谿《たちばななんけい》は、天明三年（一七八三）七月晦日に天草に渡り、この「不知火」を見物している。南谿は諸国から多くの見物人が山の上に集まって、酒を飲んだり、小唄・浄瑠璃・謡《うたい》・狂言《きょうげん》などに興じたりしながら「不知火」見物をする様子を、その著書『西遊記《さいゆうき》』に記している。あたかも花見をするかのように、江戸時代の人びとは怪火見物を楽しんでいたのだ。

日常化する怪火

　このように、江戸時代の人びとが怪火を恐れることなく、むしろ好奇の対象としていた例は、ほかにも数多く見いだすことができる。

江戸の歌人であった津村淙庵《つむらそうあん》が寛政七年（一七九五）にまとめた随筆『譚海《たんかい》』には、「天神の火」という怪火と里人との「交流」の様子が記されている。

　○勢州雲津川上に天神山といふあり、その山に火あり。里人天神の火といひならはしたり。夏秋のころ日くるれば、天神の山のしげみに此火みゆるを、戯に人よぶときは其前に飛いたる。（中略）火の中にうめく声のやう成もの聞えて、人のありくに随つて追来る、あやしき事なし、害をなす事もなき故、常に人見なれて子供などは火の中に入て、かぶりたはぶるゝ事をなす。熱気なくして色は常の火のごとし、ただ臭気ありて久しく褻がたし。家へ帰行に、火も人に随ひ来りて、終夜戸外に有てうめく声有てさらず。里人例の戯に火を呼たるよとて、戸外に出て草の葉をひとつ摘とり額に戴時は、此火たちまちに飛さりてうするなり。地上にあるもの何にてもいたゞきて見する時は、火避て飛さる事すみやかなり、いか成物といふ事をしらず。

『西鶴名残の友』で、俳人たちが「姥が火」に対してそうしたように、里人たちは「天神の火」を呼び寄せ、子どもたちなどはその中に入って遊ぶほどであった。注目したいのは、「あやしき事なし、害をなす事もなき故、常に人見なれて」と記されているところである。怪火はもはや何の害ももたらさない、ただ「見える」だけのものであったので、人びとは慣れてしまって恐れることをやめてしまったというのである。これは怪火の日常化と呼ぶべき状況であろう。

また、安永九年（一七八〇）刊の『怪談見聞実記《かいだんけんもんじつき》』「洛西壬生寺の西辺宗玄火《そうげんび》の事」では、「宗玄火」という怪火が人びとの見物の対象となっている。

　或時老婆に尋しハ、此辺にハ古来より宗玄火とやら名附たる火の玉の出るよし、今とても替らずして火の出るやと尋しに、かの婆ゝは打うなづき、成程いまもおりにふれ、雨夜ハ勿論闇の夜にハかならず此火の出るなり。わが家の二階の間戸よりハ手近くも見ゆるぞや。ちと見物に来らるべし。婆々ハ度々見る事なれバ珍らしからず。

ここでも怪火は「度々見る事なれバ珍らしからず」と、日常化していたことがうかがえる。

『古今百物語《ここんひゃくものがたり》評判《ひょうばん》』や『宿直草《とのいぐさ》』に取り上げられた怪火「仁光坊《にんこうぼう》の火」も、地元の住民にとってはすでに恐ろしいものではなくなっていたことが、貝原益軒《かいばらえきけん》『朝野《ちょうや》雑載《ざっさい》』の次の記述からわかる。

摂津国高槻の庄二階堂村に、日光坊〔頭書　仁光坊とも云〕といふ火有。雨夜にはかならず出て飛廻り、家の棟或は諸木の枝梢などにとまる。火に増減有。大かたはまりほど有。はやくして疾風のごとし。尾有て三四尺ほどひかれり。至て近くあふ時、能みれば僧の首なり。息はく度に火焔出ると云り。あだをなす事あらざる故、人民さして怖れず。

これらの怪火はいずれも無害であること、あるいは珍しいものではないことを理由に、もはや人びとに恐れられていないことが記されている。これが江戸時代の人びとの怪火に対する感覚だったのである。

怪異の日常化と名づけ

こうした「日常化した怪火」には、多く名前がついていた。ここに、江戸時代において妖怪の名づけがおこなわれるようになった理由の本質が隠されているように思われる。名前のつけられた妖怪の多くが、怪火と同様、人びとにとっては無害で、日常化したものとなっていたことを多くの文献が伝えているのである。

【事例1】『古今百物語評判』貞享三年（一六八六）刊「越後新潟にかまいたちある事」

某も新潟より高田へまいり候ふ時、此かまいたちにあひ申したる疵にて候ふ。さして珍らかなるにも候はず。

【事例2】『万世百物語《ばんせいひやくものがたり》』寛延《かんえん》四年（一七五一）刊「一眼一足の化生」（『雨中の友』元禄十〈一六九七〉年刊の改題本）

一眼一足といへるばけもの、此山にたへて久しき事にて、常は西谷北谷のあいにて、人はおほくみつといひし。されど何の害をなすこともなければ、しれるものはあやしともおそれず。

【事例3】『怪醜《かいしゆう》夜《や》光魂《こうのたま》』享保二年（一七一七）刊「千葉右近扶桑遊仙窟を作る事」

わかき者寄合て、かゝる曲者たゞ打殺さんといふに、其中に老人出ていひけるは、我わかき時聞し事あり、越前国の家中にかやうの者出て庭にあそぶを、此家の侍鉄砲にて打殺ける、此者人に害もなさず、又凶事にてもなし、北国にては下屋入道といふ、命をとるに詮なし、遠く追ひ放つべしといへば、皆々同心して二里ばかり外へ追はなしける、

【事例4】『佐渡《さど》怪談《かいだん》藻塩草《もしおぐさ》』安永七年（一七七八）刊「宿根木《すくねぎ》村臼負婆々《うすおひばゞ》の事」

伴ひの者共を引誘ひて、帰る道すがら、「あれは、あやかしとゆふものにか」と尋れ

ば、人々中様、「あれは臼負婆々と呼習わして、二年三年、四五年にも、一度程出る物にて候、当所にて見るもの多く候間、あまり御あやしみ被成まじ」と語りぬ。

【事例5】『譚海』

芸州広島の城下、六丁目と云所には、ばた〳〵と云物有。是は世にあまねく知たる化物なり。夜に入ぬれば、いつも空中にて、人の筵をうち、ちりなどはらふごとき音して、ばた〳〵と鳴わたる、戸を出てうかゞへば、かしこに聞ゆ、夫を尋ねゆきてみむとすれば、又こなたにひゞく、つひに其所を、たしかにみとむる事なし。又いかなるものの、此音をなすといふ事をあきらかにする事もなし。年月かさねて、只かく毎夜ある事なれば、其国人はあやしまずしてあることなり。

【事例6】『耳嚢《みみぶくろ》』巻之八「小笠原鎌太郎屋敷蟇の怪の事」

内藤宿に小笠原鎌太郎といへる小身の御旗本あり。かの家の流し元にて、小豆洗といへる怪あり。時として小豆をあらふ如き音しきりなれば、立出て見るに、さらに其物なし。常になれば強てあやしむ事なし。年を経る蟇の業なりと聞しと、人の語りしが、其傍に有し人、外にも其事ありと親しく聞しが、是ひきの怪なりといひき。

【事例7】『反古《ほご》のうらがき』「化物太鼓の事」

番町の化物太鼓といふことありて、予があたりにてよく聞ゆることなり。これは人々聞なれて、別に怪しきことともせぬことなり。

事例1・2・3・4はいずれもその土地ではよく知られた妖怪について、地元の人間がそれにはじめて接した者に対し、「これは〇〇というものである」とその名を明かした上で、「珍しいものではない」「害をなすことはない」という理由で「怪しむ必要はない」と諭す、という語りのパターンを持っている。また事例5・6・7は、怪音に「ばたばた」「小豆洗い」「化物太鼓」といった名前が与えられた事例で、あまりに日常的に起こるため「怪しい」と思われなくなった、という状況を記している。

これらの事例から、次のような仮説を立てることが可能だろう。江戸時代に、さまざまな怪異に名前が与えられるようになったのは、それが無害なもの、珍しくないものと考えられるようになったからではなかったか。それは「怪異の日常化」と呼ぶことができる。

かつて、「怪異」が恐れられたのは、それがさらなる災厄を警告する凶兆だったからだ。例えば怪火は、中世においては「光物」と呼ばれ、凶兆として恐れられていた。また、怪しい声や音も凶兆とされていたことは、室町時代の公家の日記などからもうかがうことができる。ところが江戸幕府は、室町時代まではかろうじて行われていた「怪異」の判定とそれに基づく対処を放棄し、あまつさえ「怪異」を語る者を法度《はっと》によって統制するという政策を取った。これにより、怪異を凶兆と結びつける思考は、社会のなかから徐々に失われていったと考えられる。すなわち、怪異はただ「そこに在る」だけのものとなり、恐れの対象ではなくなっていったのである。

とりわけ事例3は、そのことをよくあらわしている。「此者人に害もなさず、又凶事にてもなし」――つまり無害で、凶兆でもない怪異は、もはやただの動物に等しいものとして追いやられるだけなのである。

ただそこに在る「モノ」となった怪異は、あらゆるタブーから解放され、やがて知的好奇心の対象となっていく。そこでおこなわれたのが「名づけ」だったのである。怪火においてその傾向がとりわけ顕著に見られたのは、それが凶兆としての意味を失い、ただ「見える」だけのものとなっていたからだ。ただ「見える」だけの怪火、ただ「聞こえる」だけの怪音、そしてただ「現れる」だけの妖怪は、畏怖ではなく知的好奇心の対象となり、名前がつけられていった。こうした「怪異の日常化」によって、個別の妖怪名称が急速に増えていったのが、江戸時代だったのである。

こうして無害化し、知的好奇心の対象となった妖怪の名前に、俳人たちは「俳言《はいごん》」としての価値を見いだした。そして俳人たちが収集した妖怪の名称は、「俳諧ネットワーク」のなかで共有され、出版物などを通じて社会に広まっていったのである。

増殖する妖怪

怪火と詩歌

『摂陽群談』の怪火

ここで、十七世紀から十八世紀までの妖怪名称をまとめた表4にもう一度戻ってみよう。一見して気がつくのは、名前のある妖怪の名称のなかで最も多くを占めるのは、「姥《うば》が火《ひ》」や「油盗人《あぶらぬすびと》」のような怪火《かいか》の名称であるということだ。現代日本人の妖怪観に多大な影響を与えた漫画家の水木しげるも、「妖怪図鑑」の定番となった『妖怪なんでも入門』のなかで、最も多いのは火の妖怪であると述べている〔水木　一九七四〕。さすがの慧眼《けいがん》と言うべきであろう。

そして表4からは、十八世紀に入って怪火の名称がいっきに増えていることがわかる。その画期に位置づけられるのが、まさに十八世紀最初の年、元禄十四年（一七〇一）に刊行された岡田徯志《おかだけいし》『摂陽群談《せつようぐんだん》』であった。

『摂陽群談』は摂津国《せつつのくに》の地誌で、国内の名所を山・滝・岡・川などに分類し、またそれぞれを歌名所・俗名所に大きく分け、その地を詠んだ和歌や逸話とともに紹介している。そのため芳賀登は、この『摂陽群談』を「地方の和歌名所をよんだ歌の収録集のごとき体裁」と評している〔芳賀　一九七二〕。

この『摂陽群談』の末尾、巻第十七「雑類」には、実に十一種もの怪火が紹介されているのである。

浜火　尼之火《アマガヒ》（山伏火）　主馬火　日光坊火　虎宮火　木部火（高入道之火）　沖猛火
荻野火（扇野の火）　仲山火　鱣䁀火（狸火）　龍燈火

「日光坊火」は島上郡高槻村（現大阪府高槻市）に出るという怪火で、『古今百物語評判《ここんひゃくものがたりひょうばん》』『宿直草《とのいぐさ》』に見える「仁光坊《にんこうぼう》の火」と同じものと思われるが、伝承の内容はかなり異なったものになっている。

日光坊火　同郡高槻村より、雨夜に出る火魂也。往昔熊野山行者日光坊、旧栖の地、或時行法を誤る、一派の山臥先達に訴、終に被処法罪之墳の跡也と云へり。一説、法を破るの山臥、二人共に同罪たるを以つて、火炎の中に、頭両の形容を見と云へり、因て一名二魂坊火とも云へり。遥の野外に飛、或は樹上に留る事暫あり、人近之亦遠去れり。

寛文七年（一六六七）刊の『続山井《ぞくやまのい》』では「にかう坊」となっているので、「仁光坊の火」よりもこの「日光坊の火」の方が本来の名称に近いのかもしれない。また『宿直草』の「仁光坊の火」の話は、代官の妻が仁光坊に贈ったという恋の歌がかなりの紙幅を取って紹介されているなど、俳諧師の著作らしい脚色が見られるので、むしろこの『摂陽群談』のほうが地元で語られていた素朴な伝承を記しているとも考えられる。

さらに「日光坊の火」を「二魂坊の火」と解し、二つの頭のある怪火とする伝承もあったことが注目される。柳田國男《やなぎたくにお》が各地の妖怪に関する報告をまとめた「妖怪名彙」には多くの怪火が紹介されているが、「遺念火《いねんび》」「たくろう火」「ジャンジャン火」「筬火《おさび》」「勘太郎火」など、二つ一組で出る怪火は多く見られるのである〔柳田　一九八九〕。だとすると、この「二魂坊の火」の伝承は、民俗事例としては広く見られるものだと言える。

また「仲山火《なかやまのひ》」は、島上郡山崎〔現大阪府島本町山崎〕から出て中山寺《なかやまでら》〔現兵庫県宝塚市〕に毎夜のようにやってくるという怪火である。昔、中山寺の僧が京都からの帰り道で盗賊に遭ったが、僧の修法によってたちまち罰が下った。盗賊はおのれの罪を悔い、常夜灯の油を寄進した。ところがその油を盗んだ者がおり、死後その罪障によって怪火と化したという。これは「姥が火」や「油盗人」と同じく、「油盗み」のモチーフを有する伝承で、やはり広く分布する民俗事例の一つととらえることができる。

「歌枕」としての怪火

ところで、『摂陽群談』の巻第十七「雑類」には、怪火の記述と並んで「白井蛍見」「安蛍見《ヤスノホタルミ》」「車瀬蛍見」などの「蛍見」が記されている。このうち「白井蛍見」には「一説天正年中、明智日向守一族、戦死の火炎也と云へり」という説明がある。これは、例えば「主馬火《しゅめのひ》」の「信長公の家臣、於是追討に討たる、猛火也と所伝せり」、「沖猛火《おきのもうか》」の「享禄年中の戦死、正六位上兼右近衛府生秦武文、亡魂の火也と云伝ふ」といった説明となんら変わるところがない。蛍も一種の怪火だったのだ。

「地方の和歌名所をよんだ歌の収録集のごとき体裁」と芳賀登が述べていたように、『摂陽群談』に記されたさまざまな場所（名所）は一種の「歌枕《うたまくら》」——すなわち「歌に詠まれるべき場所」として紹介されているととらえることができる。そして、蛍は伝統的な和歌のなかでも重要な題材の一つであり、ここでの「蛍見」も「歌枕」として記されたものであろう。だとするならば、怪火もまた同様に詩歌の題材、「歌枕」として記されたと考えられるのではないか。著者の岡田徯志がどのような人物であったのかは詳しくわかっていないが、和歌の素養を身につけた知識人だったことは間違いないだろう。

思い返してみれば、三田《さんだ》浄久《じょうきゅう》の『河内《かわち》鑑《かがみ》名所記《めいしょき》』もまた、地誌であると同時に、俳諧の「歌枕」（「俳枕《はいまくら》」）を記した書物であった。現在の感覚からすると奇妙なことのようにも思えるが、江戸時代前期における地誌は、基本的には詩歌に詠まれるべき場所、「歌枕」の記述であった。このような性格を持つ地誌に怪火が記されたのは、やはりそれが詩歌の題材になりうるものと見なされたためと思われる。

ただ、伝統的な和歌の「歌枕」は、実在の場所でありながらあくまで一種の理念型、観念上の存在だったが、江戸時代における「歌枕」や「名所」は、交通の発達により実際に行くことのできる場所となっていた。だからこそ、絶えず新たな情報を盛り込んだ地誌が続々と作られ、新たな「歌枕」や「名所」が創り出されていった〔鈴木　二〇〇一〕。『摂陽群談』には、そうした新たな「歌枕」として多くの怪火が記されたのである。

元禄俳諧と怪火

実は元禄期以降、妖怪が俳諧に詠まれることがそれ以前に比べて少なくなる。それは従来の俳諧が、言葉遊びによって虚構の世界を創り出すものであったのに対して、元禄期にはむしろ事物の真実の姿を詠み込むことが旨とされるようになったためであった。

俳諧は、藤原清輔《ふじわらのきよすけ》が十二世紀前半に著した歌学書『奥義抄《おうぎしょう》』のなかで「火をも水にいひなすなり」とされたように、「戯言《ぎげん》」すなわち言葉巧みに虚構の世界を創り出すものであるとの考えが長らく支配的であった。その極と言えるのが談林《だんりん》俳諧で、西山宗因《にしやまそういん》や岡西惟中《おかにしいちゅう》は俳諧を「寓言《ぐうげん》」と位置づけていた。「寓言」とは『荘子《そうじ》』に由来する言葉で、道理や知識をわかりやすく伝えるためにあえて空想的な素材を用いた話を意味するが、江戸時代においては時として虚構と同義の言葉として用いられ、「そらごと」と訓じられることもあった〔飯倉　二〇〇七〕。延宝・天和期の俳諧にしきりに妖怪変化や怪異が詠み込まれたのは、そうした俳諧のあり方が極まったものと見ることができるが、これに対し元禄俳諧は、上島鬼貫《うえしまおにつら》が「まことの外に俳諧なし」（『独言《ひとりごと》』享保三年〈一七一八〉）と述べたように、頭のなかで考えた虚構の世界ではなく、ありのままの真実を求めるものへとその性格を大きく変えていった〔山本　一九七二〕。

こうした元禄俳諧のあり方からすれば、現実に出会うことの少ない妖怪は分が悪いとしか言いようがない。自然と俳諧のなかから妖怪の影は薄くなっていくのだが、数少ない例外が怪火だった。

元禄三年（一六九〇）に池西言水《いけにしごんすい》により編まれた『新撰都曲《しんせんみやこぶり》』には、怪火を詠んだ句をいくつか見ることができる。

人魂にさかる、雁《かり》の妹背《いもせ》かな　良詮

燐《キツネビ》に消《きえ》ぬかぬまの薄氷　水流

野を焼《やか》ば燐《キツネビ》見えぬ今宵哉《かな》　闌月

これらの句において、怪火は言葉遊びとしてではなく、実際の情景として詠まれている。良詮の句は、つがいの雁が人魂と出会って離れ離れになってしまった様子を描く。水流の句では、沼の上にあらわれた狐火《きつねび》を見て、それが薄氷を溶かしてしまうのではないか、という思いを抱いたことが詠まれている。闌月の句には、普段は見えていた狐火が野焼きをしたことで見えなくなってしまったのを、かすかに残念に思う気持ちがあらわれている。

また、同じ元禄三年に芭蕉の弟子であった大坂の俳人、之道《しどう》が編んだ『あめ子《ご》』にも、次の句がある。

宵暗《よひやみ》や狐火に寄《よる》虫の声　正秀

宵闇のなかで光る狐火に寄っていくかのように、虫の声がそちらの方向から強く聞こえてくるさまを詠んでいる。

その正体が何であったかはここでは詮索しない。ただ、当時、怪火は実際に見ることのできるものであったようで、そのために元禄期の俳諧にも詠まれたと考えられる。

怪火を詠む

少し時代は下るが、実際に、怪火を見ながら文人たちが漢詩および和歌を詠んだということが、京都町奉行の与力《よりき》を務めた神沢杜口《かんざわとこう》による随筆『翁草《おきなぐさ》』に記されている。

七条道場のほとり、七条かはら、上は大仏、下は竹田、東洞院の田野に、陰雨の夜出る火有り、呼で六反火と云、あやしの火あまた飛かひて、或は数火ひとつに成り、また乱れ散、見えつかくれつ、いと物すごし。又千本の郊野にも、是にたぐふ火有り、それはそうけん火となづく、もゆるさま右に等し、土俗のつたへ云には、むかし宗玄と云ふ山伏、法刑に行れて、其霊火なりと云れ共然らず。斯る田野には和漢ともに陰火有て珍しからず、或人の云叢原火なりと、実に左もあらんか。其辺りには燐多し、狐火は婚礼葬礼総じて列伍ある火を見ては、忽向ひにも、あまた火を並べて之を真似ぶ。叢原火《サウケン》は、それに拘らず田野を走る、雨夜の更行頃、此雨火こもこも燃《トホ》しつるゝに、雨火の光また異なり、馴ては凄じとも思わず、眺望すれば蛍火にひとしき眺めなり。寛政辛亥の夏の頃、備の西山拙斎、暫し洛に有て、疾雷烈雨の夜、洛の伴蒿蹊な

んど、それかれ伴うて此鬼火を看て、

看燐

傘履衝雷雨、深霄見鬼燐、却疑従博望、忽沂絳河浜　西山拙斎《にしやませつさい》
聯屐侵飛雨、相望負郭燐、別有彩毫贈、併照鴨河浜　小田竜南
雷光看閃々、雨夜転凄々、鬼火百千点、飛来東又西　西山孝恂《こうじゆん》

数々にもゆる蛍のそれならで雨にもきえぬ光りあやしき　拙斎

おに火のあやしきをのぞみて

降くもる雨に迷ひてもゆる火は松のともしにまがひしもせず　蒿蹊《こうけい》

人々の詩をきゝてまた

おそりなきますらたけ雄の心かも鬼火の光いかづちの雨　同

これは寛政三年（一七九一）の出来事という。京都の田野にあらわれる怪火「六反火《ろくたんび》」および「宗玄火《そうげんび》」を見て、漢詩と狂歌《きようか》を詠む文人たちについて書かれている。そのうち西山拙斎と伴蒿蹊《ばんこうけい》は『翁草』に序文を寄せており、著者の神沢杜口と親しい間柄の人物であったことがわかる。

西山拙斎は備中鴨方藩《びつちゆうかもがた》（現岡山県南西部）の侍医《じい》を務めた人物で、「寛政異学の禁《かんせいいがくのきん》」の

推進者としても知られている。幕府や諸藩への仕官を断り鴨方にとどまり続けたが、全国の儒者と交わり中央への影響力も持っていたという〔倉地　二〇〇六〕。また伴蒿蹊は近江《おうみ》八幡《はちまん》の豪商の家に生まれながら、三十六歳で家督を譲り京都で文人として活躍した人物で、とりわけ和歌の世界でその名を知られ、小沢蘆庵《おざわろあん》らとともに地下《じげ》四天王と称された。『近世畸人伝《きじんでん》』『閑田耕筆《かんでんこうひつ》』『閑田次筆《じひつ》』などの著作でも知られ、『閑田耕筆』『閑田次筆』には奇談や妖怪の話なども多く取り上げられている。

拙斎による『翁草』の序は寛政四年、蒿蹊の序は同三年のものなので、怪火の詩歌が詠まれたのは、『翁草』が記される直前の、きわめて最近の出来事であったことがわかる。このように、江戸時代の文人たちは、実際に怪火を見て詩歌を詠んでいたのである。

星鬼の火

芭蕉の弟子、森川許六《もりかわきょりく》が、蕉門《しょうもん》の人びとのさまざまな俳文を集めて宝永三年（一七〇六）に刊行した『本朝文選《ほんちょうもんぜん》』（のち内容を一部変更して『風俗《ふうぞく》文選《もんぜん》』と改題再版）のなかにも、怪火を紹介した箇所がある。

河野李由《こうのりゆう》の「湖水ノ賦《ふ》」は、近江国のさまざまな名所・名物を羅列した「賦」（古代中国の韻文の一種で、事物を網羅的に記述するもの）であるが、そのなかに「龍灯松は。巳待《ミマチ》の夜毎に光をあげ。大藪《オホヤブ》の雨夜には。星鬼《ホシオニ》の火を簑《ミノ》にうつす」という文章がある。「龍灯」とは、水上や水辺にあらわれる怪火を言い、各地に伝承がある。世に名高い肥後国《ひごのくに》の「不知火」も、本来は「龍灯」の名で呼ばれるものであったことはすでに述べたとおりである。寛文《かんぶん》七年（一六六七）の北村季吟《きたむらきぎん》『続山井』に「竜燈か雲の上までゆく蛍」の句が見え、俳人にはよく知られたものであったようだ。なお「龍灯松」とは、「龍灯」が決まって止まるとされた松の木のことである。また「巳待」とは、己巳《つちのとみ》の日に行う弁財天《べんざいてん》の祭りである。水の神である弁財天の祭りの日に、「龍灯」があらわれるとされていたことがわかる。

いっぽう「星鬼の火」は、嘉永《かえい》元年（一八四八）の介我《かいが》による『風俗文選』の注釈書『風俗文選犬註解』に次のように説明されている。

大藪は犬上川と善利川の間、湖水のへりにて、彦根の城近し。此所むかしより今にいたる迄、雨夜に人通れば、いづこよりうつるともなく火乃光り簑にうつる。傘及び袖に迄うつる。誠の火にあらず。これを星鬼の火といふなり。又越後にも簑むしの火といふあり。えちごの国いづれの所にもかぎらず、小雨しと〳〵ふる夜、簑笠にてひとり路通る者あれば、忽然《コツゼン》として簑の毛に蛍火の如き光るものつく。是を払へば、忽《たちま》ち簑の毛一めんに火うつりて、笠の雫、手足のぬれたる所こ

と〴〵光りうつれり。心を静めて身を動せず通る時は、又自然に消る也。又湖中の
船中にも此火あり。

「星鬼の火」とは、大藪（現滋賀県彦根市）の辺りで見られたという、雨の夜に簑の表面に着くという怪火である。「セント・エルモの火」と呼ばれる現象に似ているが、雨の夜にあらわれるというから、静電気がその正体である「セント・エルモの火」とは異なるものだろう。

『風俗文選犬註解』は、この「星鬼の火」に続けて、越後の「簑虫の火」を紹介しているが、実はこれは文化《ぶんか》九年（一八一二）に刊行された橘 崑崙《たちばなこんろん》『北越奇談《ほくえつきだん》』巻之二其十五「蓑虫の火」の文章をほぼそのまま引き写したものである。この越後の「蓑虫の火」については、宝暦《ほうれき》六年（一七五六）の『越後名寄《えちごなよせ》』、明和三年（一七六六）の『怪談実録』でも取り上げられており、安永十年（一七八一）の鳥山石燕《とりやませきえん》『今昔百鬼拾遺《こんじやくひやつきしゆうい》』には「簑《みの》火《び》」（図10）が描かれている。同様の怪火ではあったが、よく知られていたのは「蓑虫の火」であったようだ。

ところが明治十四年（一八八一）の『滋賀県管内犬上郡誌』は、大藪村の怪火を「簑火又星鬼ト云フ」とし、明治二十一年の『不思議弁蒙《べんもう》』も「蓑火」としている。詳しくはわ

図10　蓑　火（『今昔百鬼拾遺』）

からないが、これは誰か知識人が、より有名な「蓑虫の火」あるいは「蓑火」を標準名として用いたことによって、伝承が上書きされてしまった結果ではないだろうか。享保十九年（一七三四）成立の『近江輿地志略《おうみよちしりやく》』でも「犬上郡大藪の星鬼」と記されており、少なくとも江戸時代においては大藪の怪火の名は「星鬼」であった。

この「湖水ノ賦」を著した河野李由は彦根の明照寺の住職であった。大藪の怪火は地元の伝承としてよく知るものだったと思われるが、「星鬼」という名前はいかにも美しく、俳諧を嗜《たしな》む者としても興趣をそそられるものだったのだろう。それゆえに近江国の名物の一つとして「賦」に取り上げたのだと考えられる。

『諸国里人談』と怪火

寛保《かんぽう》三年（一七四三）の菊岡沾凉《きくおかせんりょう》『諸国里人談《しょこくりじんだん》』は、諸国の珍談奇聞を集めた書物であるが、目録には各話の題名の下に舞台となった国が記されており、地誌としての性格を備えた書物であったことが指摘されている。

収録されたエピソードは神祇・釈教・奇石・妖異・山野・光火・水辺・生植・気形《きぎょう》・器用の十部に分けて紹介されているが、注目したいのは「光火部」である。ここには十六種の怪火が紹介されているのである。

不知火　橋立竜燈　焚火　分部火　二恨坊火　虎宮火　蹉跎竜燈　野上竜燈　光明寺竜燈　狸火　姥火　秋葉神火　千方火　狐火玉　油盗火　入方火　火浣布　寒火

なお、別に「妖異部」が設けられ、「髪切」「河童」「鬼女」「皿屋敷」「木葉天狗」「片輪車」といった妖怪に類する話題はそこに収められているのだが、怪火についてはわざわざ独立した項目を立てているのである。

この「光火部」の冒頭には、「火弁（火を弁ずる）」と題して陰陽《いんよう》五《ご》行説《ぎょうせつ》に基づいた火に関する「科学的」な説明が置かれている。この文章は、大坂の医師寺島良安《てらじまりょうあん》が著した『和漢三才図会《わかんさんさいずえ》』の巻五十八「火類」に基づいたものだが、そのなかで「又狐《またきつね》、鼬《いたち》、鵁《きょう》鶄《せい》、蛍、蜘蛛《くも》等の火は、火に似て火にあらず。連俳にて似せもの、火といふなり」と述べられていることに注目したい。「連俳」すなわち俳諧連歌において、狐や鼬、鵁鶄（青鷺）、蛍、蜘蛛の火といった生き物の類が出す火が「似せもの、火」という総称で括られるほど、関心を持たれたものであったことがここからうかがえるのである。

実は、『諸国里人談』の著者、菊岡沾涼は江戸の俳諧師であった。沾涼はほかにも享保十七年（一七三二）刊の『江戸砂子《えどすなご》』、延享《えんきょう》四年（一七四七）の『本朝俗諺志《ほんちょうぞくげんし》』などの地誌・奇談集を著している。後であらためて論じるが、俳諧師は句作のために広範な知識を身につける必要があり、地方に伝わるさまざまな伝説や奇談も貪欲に収集した。俳諧師がしばしば怪談集・奇談集の作者でもあったのはそのためであり、地誌や辞典のような書物もまた俳諧師によって書かれたのである。

『諸国里人談』において「光火部」が設けられたのは、やはり俳諧師である著者が怪火に「歌枕」としての意味を見いだしたためだと思われる。実際に『諸国里人談』には、富士・室八島・野守鏡・唐崎松・西行桜・遊行柳・宮城野萩など、よく知られた歌枕が多く取り上げられているのである。

また『諸国里人談』には、「虎宮火」「狸火」などのほか、いくつかの話が『摂陽群談』から採られており、怪火への関心も含めて『摂陽群談』の影響を強く受けていることが推察される。ただ『摂陽群談』が摂津一国のみの地誌であったのに対し、『諸国里人談』は文字どおり諸国の情報を集成した書物であった。こうした書物の存在が、同質のものを日本各地に見いだそうとする博物学的なまなざしを涵養《かんよう》し、さらなる妖怪の増殖をうながしていくのである。

『三州奇談』と蕉風復興

『摂陽群談《せつようぐんだん》』の怪火に見られるように、十八世紀になると、妖怪の名称は爆発的に増加していく。その背景には、地方文人による奇談・怪談の収集が大きく影響していた。

地方文人の奇談収集

八代将軍徳川吉宗は、いわゆる「享保《きょうほう》の改革」の一環として学問を奨励し、庶民教化を推進した。その結果、諸国の中核都市に儒学を学び、俳諧・和歌・古典文学を嗜《たしな》み、医術・物産の学に通じた地方文人が輩出していった。彼らは自分たちの郷土の情報の収集と記録を精力的におこなったが、そのなかで、それまで知られることのなかったさまざまな地方の怪異もまた記録されていったのである〔堤　二〇〇四〕。因幡《いなば》の『怪談記』（一七二四年）、会津《あいづ》の『老媼茶話《ろうおうさわ》』（一七四二年）、土佐《とさ》の『土陽渕岳志《どようえんがくし》』（一七四六年）、播磨《はりま》の『西播怪談実記《せいばんかいだんじつき》』（一七五四年）、加賀《かが》・能登《のと》・越中《えっちゅう》の『三州奇談《さんしゅうきだん》』（宝暦《ほうれき》〜安永《あんえい》ごろ）、越《えち》後《ご》の『越《こし》の風車《かざぐるま》』（一七七一年）、佐渡《さど》の『佐渡怪談藻塩草《もしおぐさ》』（一七七八年）などには、数多くの妖怪の話とその名前が記されている。

このうち『三州奇談』の著者、堀麦水《ほりばくすい》は、俳諧の歴史にも名を遺す著名な俳人だった。この節では、『三州奇談』を通じて、地方の怪異の収集と俳諧とのかかわりについて見ていくことにしよう。

『三州奇談』の成立

堀麦水は享保三年（一七一八）、加賀金沢竪町《たてまち》の蔵宿の次男として生まれ、青年時代は俳諧・茶道・生花・将棋に没頭し、京大坂のあいだを遊蕩《ゆうとう》する生活を送っていたが、元文《げんぶん》五年（一七四〇）、長兄の死により金沢に戻り家業を継ぐことになった。しかしその後も俳諧を捨てず、延享《えんきょう》四年（一七四七）には伊《い》勢派《せは》の俳人中川麦浪《なかがわばくろう》を金沢に迎えて師事し、麦水の俳号を名乗るようになる。

ここで少し、当時の俳諧の状況について確認しておこう。芭蕉《ばしょう》が没した後の俳諧は、大きく二つの流れに分かれた。一つは芭蕉の弟子である宝井其角《たからいきかく》や、談林派《だんりんは》の流れを汲む水間沾徳《みずませんとく》が中心となった都会風の俳諧で、作意や技巧を凝らす点に特徴があり、三都に流行した。享保期には沾徳の弟子の貴志沾洲《きしせんしゅう》が江戸の俳諧宗匠《そうしょう》を組織化し、「江戸座」と呼ばれる組合を結成した。そのためこの時期の江戸を中心とした俳諧を江戸座俳諧という。もう一つは、蕉門《しょうもん》の各務支考《かがみしこう》・岩田涼菟《いわたりょうと》・中川乙由《なかがわおつゆう》らが主導した平明な俳諧で、こちらは地方で流行した。美濃《みの》を中心とした支考の流派を美濃派、伊勢に栄えた涼菟の神風館《じんぷうかん》と乙由の麦林派《ばくりんは》をあわせて伊勢派と呼ぶ。都会派の俳人らは彼らを「田舎蕉門《いなかしょうもん》」「支麦《しばく》の徒《と》」と呼んで見下していた〔深沢　二〇一八〕。麦水が師事した麦浪は後者の伊勢派（麦林派）のリーダーであった乙由の息子である。

『三州奇談』は正編五巻、後編八巻から成る。正編五巻については、文中の文言から宝暦・明和（一七五一～七二）の成立と見られているが、坂井一調《さかいいっちょう》の『根無草《ねなしぐさ》』によれば、これは楚雀《そじゃく》という俳人が集めていた北陸三国の奇談を麦水が補ったものであるという〔堤・杉本編　二〇〇三〕。楚雀は乙由の門人であり、麦水とは同じ伊勢派に学んだ俳人どうしであった。また後編は、同じく文中に見られる年代の記述から安永（一七七二～八一）ごろの成立と見られる。もともと宝暦のころには正編の巻一・二程度のものがすでに成立しており、金沢周辺の文人のあいだで知られていたものが、その後続々と書き足されて現在の形になったようだ。

名づけへのこだわり

『三州奇談』にも、多くの怪火が紹介されている。加賀小松の近郊の八幡《やわた》（現石川県小松市）の「金火《こがねび》の松」にあらわれたという「金火《きんか》」と「三谷の火」（巻二「八幡の金火」）。高雄山《たかおやま》（高尾山：現石川県金沢市）の「坊主《ぼうず》火《び》」（巻三「高雄の隠鬼」）。越中婦負《ねい》郡呉服《くれは》村（現富山県富山市）の「ぶらり火」は、密通の汚名を着せられ一族もろとも惨殺された佐々成政《さっさなりまさ》の愛妾さゆりの怨念の火とされる（巻五「妬気成霊」）。七尾《ななお》（現石川県七尾市）の安楽寺《あんらくじ》の周辺には、「すすけ行灯《あんどん》」という角行灯の形の怪火があらわれる。これは狸貉《むじな》の類の火だという（後編巻六「七尾網燐」）。

明和七年（一七七〇）六月二十九日と七月一日の二日にわたって滑川《なめりかわ》西口瀬羽町《せばまち》（現富山県滑川市）の山王神社にあらわれた怪火は、役人が検分に来るほどの騒ぎになり、恐れた近隣住民の嘆願によって奉幣《ほうべい》と神楽《かぐら》の奏上が行われた。その結果、火が再びあらわれることはなかったという（後編巻八「山王の愛児」）。神社の神主、および検分した役人はいずれも麦水の友人で、これは彼らから直接聞いた話とのことだが、注目すべきは、麦水が「此霊火何と云ふ事を知らず」と述べているところである。この怪火に名前がないことを、麦水は気にしているのである。

麦水の妖怪への「名づけ」に対するこだわりは、後編巻五「浜鶴の怪女」に端的な形であらわれている。

寛保《かんぽう》（一七四一〜四四）年中に北村　某《なにがし》なる者が体験した話。田鶴浜《たつるはま》（現石川県七尾市）の近く、岡野の橋には妖怪が出るとの噂があった。田鶴浜の秋祭りからの帰り、酔っぱらってその橋を通りかかった某は、欄干の上に女が一人立っているのに気づいた。口は大きく裂けて歯は黒く、顔は四角で異様に白くはなはだ醜い。そして、足は一本のように見えた。橋の向こう側から松明を灯した里人がやってくるのを見て化物は飛ぶように姿を消した。里人の話では、おおかた青鷺《あおさぎ》か鶴の類が化けたものであろうとのことだった。

この話を聞いた麦水は、田鶴浜の名に寄せて蒼鶴《そうかく》などの類でもあろうかと述べつつも、この橋の下を流れる川の水源が「白醜人《しらしゆうと》の池」と呼ばれていることから、「是等若《も》し白醜人と云ふ者ならんか」と推量し、次のように述べている。

天地は広し。人間の目届かずして名付け落したるもの。世に多からん。此辺にも聞くに熊木のしらむす。島の路のよろうど。所口のよとり。荒山越の風のさむろう。又は世に能く云ふ北国のくしや。かま鼬など。夫と形を見定めぬもあやし。

「人間の目届かずして名付け落したるもの」、すなわち名前のない妖怪や、逆に名前のみあって形のはっきりしない妖怪などに、麦水が関心を寄せていることがわかる。こうした名前に対するこだわりは、言葉の収集者たる俳人ならではのものだろう。

妖怪を名づける知識人

また『三州奇談』には、知識人が妖怪の名を特定する場面が随所に登場する。宝暦二年（一七五二）の春、金沢川南町額谷《ぬかたに》屋の屋敷に忍び込んで行灯を吹き消していた化物を殺したところ、それは犬に似て足が短く、三つの角のある灰色の獣だった。「好事の人」は、これは「狗龍《いぬりゆう》」というもので、その雛を「謝豹虫《しやひようちゆう》」というのだと述べた（巻二「土中狗龍」）。また富山の金草山で滑川の木こりが見たという蛇を追う猿のようなものについて、ある人が「夫は猩々王《しようじようおう》と云ふものなり。能く蛇を喰ふと云ふ」と言ったという（後編巻八「蛇気の霊妖」）。

宝暦六～八年の三年にわたり、加賀国の手取川《てどりがわ》が繰り返し氾濫を起こしたが、その前に、川上にある中島の中川堤に、死牛のような不思議なものが出現していた。頭も目もなく、木の枝のようなものが二、三本突き出ているばかりで、鍬《くわ》の刃も立たず、とても生ある物のようには見えなかったが、たまたま流れてきた椰子《やし》の実を枝のような手で摑《つか》み、中身を吸い尽くすのを見た百姓たちが、火にかけて焼いたのちに鍬を打ち込むと、大地も覆るような音とともにたちまち洪水が起こった。この黒い死牛のようなものが転がり行く先はたちまち淵《ふち》となり、堤は崩れた。これが三年にわたった洪水の元凶であった。この話を麦水

図11　謝豹虫（『唐土訓蒙図彙』）

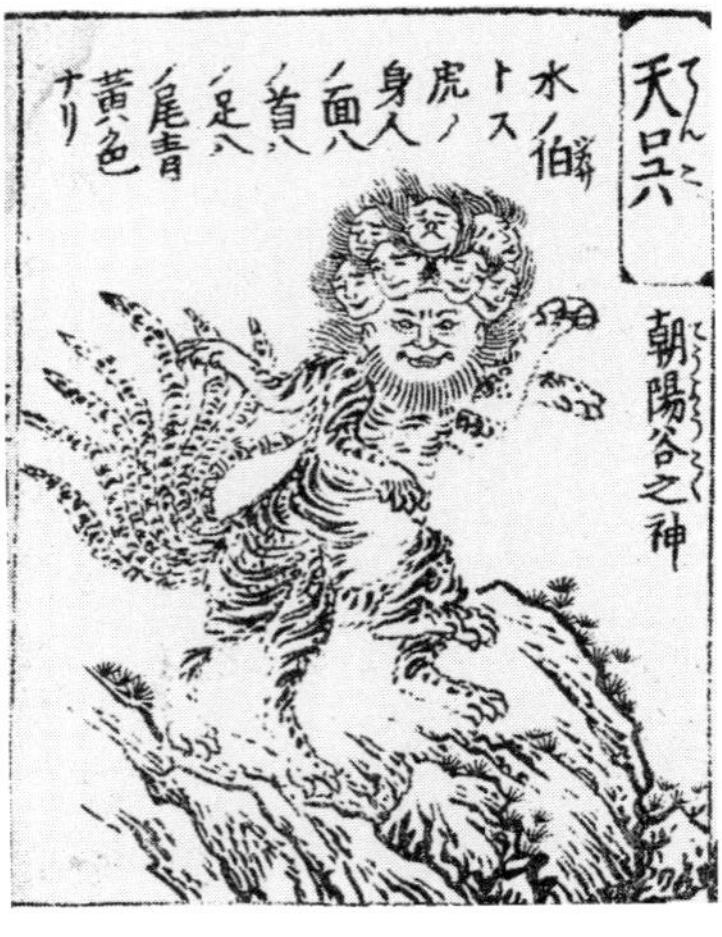

図12　天　呉（『唐土訓蒙図彙』）

に語った本吉世尊院《もとよしせそんいん》の僧は、この怪物を「古《いにし》へに聞し天呉《てんご》とや云ふものならん。目鼻もなくして、よく川堤を破るなど聞し」「俗説に水熊《みづぐま》の出でたると云ふは、是なり」と結論づけている（巻二一「水嶋の水獣」）。

これら知識人の語った妖怪の名は、いずれも中国由来のもののようだ。「謝豹虫」は唐の段成式《だんせいしき》『酉陽雑俎《ゆうようざつそ》』に記された怪虫で、ヒキガエルに似ており、人を見ると前足で頭を覆い、恥じらうようなしぐさをするという。享保四年（一七一九）刊の『唐土訓蒙図彙《もろこしきんもうずい》』

には絵入りで紹介されている（図11）。また「天呉」は、古代中国のさまざまな想像上の怪物を記した『山海経《せんがいきょう》』にその名が見える。朝陽《ちょうよう》の谷の神で、八つの首で人面、八つの足、八つの尾を持つ青黄色の獣だという。『三州奇談』に登場する黒い死牛のような怪物とはずいぶん印象が違うが、これは「水伯《みずのかみ》」という点で結びつけられたのだろう。ちなみに『唐土訓蒙図彙』には、「天呉」も描かれている（図12）。

巻一「大日山の怪」では、大日山（石川県小松市）で弁当箱のなかの魚類だけを奪った謎の存在について、「或医師の人」に尋ねたところ、「山𤢖《やまざる》蟹をしむといふこと。書《ふみ》にも候へば。扨《さて》は山丈野女の類魑魅魍魎の仕業にこそ」との答えが返ってきた、と記されている。「山𤢖《さんそう》」「山丈」「野女」は、いずれも明《みん》の李時珍《りじちん》が著した『本草綱目《ほんぞうこうもく》』に記される怪物で、当時の医師ならば、さまざまな自然物について記した『本草綱目』は当然知っていたものと思われる。

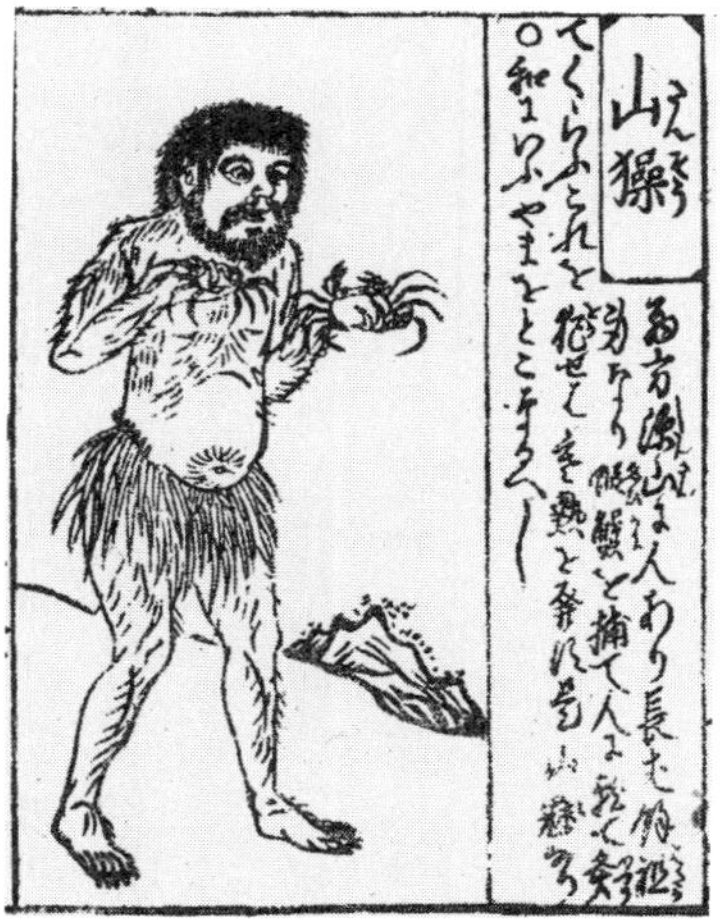

図13　山　𤢖（『唐土訓蒙図彙』）

ただ、「山𤢖」も実は『唐土訓蒙図彙』

に描かれており（図13）、情報源が共通することから考え合わせると、『三州奇談』の端々に登場する妖怪を名づける知識人の正体は、麦水その人ではなかったか、という推測も成り立つ。事実、麦水は樗庵《ちょあん》の名を持つ医者でもあったのである。

いずれにしても、これら知識人の解釈は民俗的な感覚からは遠いものであった。「天呉」と名づけられた怪物は、実際には「俗説」として記された「水熊」が、地元で語り伝えられていた名前だったのだろう。しかし、こうした名づけをおこなう者の存在によって、妖怪名称が増殖していったことは確かであろう。

『三州奇談』と芭蕉の句

ところで、巻二「水嶋の水獣」のエピソードで、洪水を起こす怪物「天呉」の話を語ったのは、本吉世尊院という真言宗の寺院の僧であった。昭和二年（一九二七）の『石川県石川郡誌』によると、寛文二年（一六六二）に真海《しんかい》という僧が、元吉寺《がんきつじ》を世尊院と改め、山王権現《さんのうごんげん》の別当とした、とある。山王権現は石川県白山《はくさん》市美川南町の藤塚神社の旧社名であるが、世尊院は明治維新の際に廃されてしまったという。なお、「本吉」とは元吉寺の名を採って周辺の地名としたもので、はじめ「元吉」と書いたが、「昔はよかったが、今はよくない」という意味に取られるのを嫌って「本吉」の字に変えたとされている。

麦水がこの本吉世尊院とかかわりを持つようになったのは、そこに芭蕉の発句《ほっく》を埋めた塚があったからだった。『三州奇談』にはこう書かれている。

本吉世尊院は真意の霊場。此奥には。若推《じゃくすい》と云ひ。俳門に執心し此地に鼻祖はせを翁の発句を埋めて。塚を築き。雨の萩と云ふ。此因《ちな》みにより。其寺へは折には行通ひける。

これについても、『石川県石川郡誌』は次のように記す。

○雨の萩塚。元禄二年芭蕉翁、曾良、北枝二人を率ゐて、世尊院に杖を曳きし時、「ぬれて行く人もをかしや雨の萩」の句あり、是を以て寛保三年霜月当町の俳人大睡の子若樵その門前に碑を立て、之を刻し、又「撫てし子の風雅の肌やかへり花」の自句を記せり。その碑、後に浄願寺の境内に移し、今尚存せり。

ここでは「若樵」となっているが、これは本吉の俳人であった卯尾《うお》若推のことである。寛保《かんぽう》三年（一七四三）は芭蕉五十回忌にあたる年で、芭蕉を慕う俳人たちによって各地でその顕彰がおこなわれた。本吉世尊院は、芭蕉がかの『おくのほそ道《みち》』で知られる北国への旅の途中で立ち寄り、発句を詠んだ場所であった。若推はそれを記念するために、「雨の萩塚」を築いたのであった。

『三州奇談』では、この話のようにしばしば芭蕉が立ち寄り句を詠んだ場所が舞台となっている。というより、そうした場所を麦水が巡るなかで耳にした話が『三州奇談』の一つの源泉となっているのである。

例えば加賀大聖寺《だいしょうじ》の全昌寺《ぜんしょうじ》は、『おくのほそ道』で芭蕉が立ち寄り「庭掃て出《いで》ばや寺に散《ちる》柳」の句を詠んだ寺である。『三州奇談』巻一「火光断絶の刀」は、まずはそのエピソードから始まり、唐突に「元文年中の事にや」として、大聖寺藩士が「水海月《くらげ》」の火の玉に遭遇した奇談を語り出す。

とりわけ巻一は、芭蕉の足跡をたどる一種の紀行文のような意味合いが強い。「山中《やまなか》の隕石」では、「山中や菊は手折し温泉の匂ひ」の句で知られる山中温泉（現石川県加賀市）の湯宿《ゆやど》で起こった落石の幻の怪異が語られ、その後も「温泉の馬妖《ばよう》」「囲炉裏《いろり》の茸《たけ》」と山中温泉の奇談が続く。「那谷《なた》の秋風」では、芭蕉が「石山の石より白し秋の風」と詠んだ那谷寺《なたでら》（現石川県小松市）の奥にあった赤瀬《あかぜ》村の「やす」という一眼の蛇の話などが語られている。

蕉風復興と奇談収集

『三州奇談』には、このように芭蕉に対する憧憬の念というべきものが端々に見え隠れしている。実を言えば、麦水は十八世紀後半に興隆する蕉風復興運動の、加賀における主導者の一人であった。

先に触れたように、芭蕉の没後、三都の俳壇を席巻したのは技巧を凝らした理知的な都会派俳諧だった。平明な言葉で情景を詠む芭蕉の句風を受け継いだのは、むしろ地方の俳人たちで、芭蕉五十回忌の寛保三年（一七四三）ごろを境に、彼らが中心となって芭蕉への回帰をめざす蕉風復興運動が勃興する。加賀においては、卯尾若推が本吉世尊院に雨の萩塚を築いたことがその先蹤《せんしょう》であったと見なすことができるが、麦水も芭蕉六十回忌の宝暦三年（一七五三）に「あかあかと日はつれなくも秋の風」の句を刻んだ「蕉翁墳《しょうおうづか》」を金沢の成学寺《しょうがくじ》に建立している。ちょうど『三州奇談』が書かれつつあったと思われる宝暦の末年ごろ（宝暦十三年は芭蕉七十回忌にあたる）から麦水は支麦の世俗的な俳諧に疑問を持ちはじめ、やがて天和《てんな》三年（一六八三）の其角撰『虚栗《みなしぐり》』に代表される、初期の芭蕉の作風（貞享《じょうきょう》蕉風）への回帰を唱えるようになった。こうした蕉風復興運動は各地で展開され、やがて全俳壇を巻き込む動きとなり、結果的に都市系俳諧と地方系俳諧に大きく分かれていた俳壇を統一することとなった。

麦水が一方ではこうした蕉風復興運動にかかわっていたことと、『三州奇談』における奇談収集とのあいだには、何か関係があるのだろうか。

田中道雄は、都市系俳諧と地方系俳諧の特徴を、それぞれ「詞《ことば》の俳諧」「心（情）の俳諧」という言葉で説明している〔田中　一九九八〕。都市系俳諧は、言語表現の面白さの追求により高い価値を置く。つまり、知的な言語遊戯をめざすのが都市系俳諧である。田中の言う都市系俳諧には、芭蕉以後の都会派俳諧（江戸座俳諧など）ばかりでなく、十七世紀の貞門俳諧、談林俳諧も含まれている。これまで論じてきた妖怪名称との関連で言えば、十七世紀において妖怪の名前は、「俳言《はいごん》」としての価値を持つものとして俳人たちの関心の対象となっていた。それはまさに言葉遊びの上で「使える」ものとしてとらえられていたのだ。

都市系俳諧が、いわば頭のなかだけで考えられた言語遊戯的な世界を主な対象としていたのに対し、地方系俳諧は「実情」と「実景」、すなわち外界の事実をありのままにとらえ、その時に抱いた感情を素直にあらわすことを理念としていた。芭蕉がみずから旅をしておもむいた場所で、実際の風景を目にしながら句を詠んだように。こうした地方系俳諧から蕉風復興運動はおこるのである。

麦水はその俳論である『蕉門廿五ヶ条貞享意秘註』において、芭蕉が登場するまでの俳諧は「皆言語の作のみの事にして、情に感ずるの俳諧なし」であったが、芭蕉が初めて「心の俳諧」というものを悟り、「言外の余情」に重きが置かれるようになったことを称揚している。「余情」とは、句のなかに直接あらわれてはいないが、句に詩的な深みを与える情的なコンテクスト、と言えばよかろうか。それは、都市系俳諧の「付合《つけあい》」に見られるような知的なコンテクストとは似て非なるものであった。

そして、場所にまつわる記憶のようなもの、つまり伝承のたぐいは、まさに句に深みを与える情的なコンテクストとして重視されるようになったのではないだろうか。芭蕉の「夏草や兵《つわもの》どもが夢の跡」を名句にしているのは、それが奥州藤原氏の滅亡という悲劇の記憶を刻印された平泉《ひらいずみ》の地で詠まれたからであった。

元禄十二年（一六九九）に芭蕉の弟子向井去来《むかいきょらい》が著した『旅寝論』によれば、芭蕉は弟子たちに対して「都《すべ》て物の賛・名所等の句は、先其場《まずそのば》を知るをかんやう（肝要）とす」と述べていたという。単なる知識としてではなく、実際にその場所におもむき、そこに刻印された過去の記憶、歴史を追体験する。佐谷眞木人によれば、芭蕉はそのような歴史的空間として「名所」を認識した先駆けの存在であり、これ以降、さまざまな俳諧師たちが地誌・名所記を著すようになっていく。佐谷はそれを芭蕉の「名所革命」と表現している〔佐谷　二〇二三〕。蕉風俳諧において、場所の記憶――歴史や伝承は、その本質にかかわる重要なファクターであったのだ。ここに、蕉風復興は地方特有の民間伝承や奇談など、フォークロア的なものに対する関心へとつながっていく契機があったのである。

それについて考える上で、『三州奇談』後編巻六「霊寺の霧船」は実に興味深いエピソードである。

霧船の発句

安永七年（一七七八）、麦水が所口《ところのくち》（現石川県七尾市）を訪れた際の話。麦水は長齢寺《ちょうれいじ》の鎮守堂に奉納された発句を見いだす。

篠竹や万船の騒ぐ霧の海

麦水は最初「例の俗流の誹作にや」と思い、詠み捨てて帰ったという。麦水はこのころ平明な支麦派の俳諧を「俗流」「俗調」と批判していたので、この句も見たままの風景を詠んだ平板な句と解したのだろう。ところが後で「此地の俚諺《りげん》を聞きて又聞き返し」、考えるために記しおいたとしている。

麦水が水江某という人から聞いた話によれば、七、八十年も前というから元禄・宝永（一六八八～一七一一）のころか。加賀前田家に仕官する寺田という人が所口に住んでいたが、九月十五日の早朝、長齢寺に詣でるため小磨山《こまろ》（小丸山）を登っていたところ、辺り一面の霧に包まれ、そのなかで大勢の人が乗り込んだ無数の軍船に出会った。明らかに川ではない場所を百艘もの船が漕ぎ行くのを見て、「こはそも怪異の所為《しわざ》にてあるべし」と思い、ただ見守るだけだったが、長齢寺の鐘の音とともに船はことごとく消え失せ、四方の霧も晴れていった。

のちに聞いたところによると、この怪異は、小丸山城主であった前田利政《としまさ》の命日である七月十四日と、関ヶ原合戦の日である九月十五日に起こるという。利政は関ヶ原合戦の折に出陣しなかったため能登の所領を没収されている。その無念の想いが、このような怪異となってあらわれたと思われるが、利政の話は国禁となっているため、「此土の人といへども恐れ謹みて多くは言出さず。人口にはひそ〱と舟怪《しうくわい》の趣を語り合ふこと所々なりとぞ」という。表立っては語られない、口承でのみ伝えられる怪異譚について、麦水がかなり熱心に聞き取りをおこなっていたことがうかがえる。

「余情」と伝承

この「霧船」の伝承は、俗吟と思われた発句の印象を大きく変えるものであった。地域に伝わるさまざまな伝承は、「付合」のような知的なコンテクストではなく、句の「余情」、すなわち句に詩的な深みを与える情的なコンテクストとしての価値を持つようになったのである。

麦水自身、こうした怪異伝承に基づいた句を詠んでいる。貞享（一六八四〜八八）のころの芭蕉の俳風を慕い、『虚栗』をもってその頂点としていた麦水は、みずから選した句集に『新虚栗集《しんみなしぐりしゅう》』の名前を冠し、安永六年（一七七七）に刊行した。そこに収録された麦水の句に「木獅子の沈て気澄む夏夜哉」というものがあるが、これには「獅山に寓《ヤドル》此地往昔作獅子の霊物有て里民に祟る。依つて是を埋めし所の山なりと云」という前書きがついている。これは『三州奇談』後編巻一「獅山の旧譚」で語られた加賀国分校《ぶんぎょう》村（現石川県加賀市）の獅塚《ししづか》（獅子山）の伝承を言っている。廃宮となった神社にかつてあったという獅子頭は、汚穢《おわい》をはなはだ忌み嫌い、肥桶《こえおけ》を担いで神社の前を通ろうとすると、縄を切って地に落としたり、あるいはつまずかせたりして通ることを許さなかった。そこである人が、築山《つきやま》を築いて獅子頭を埋めてしまった。これを獅塚、あるいは獅子山と呼んだという。麦水はこの伝承を踏まえた上で、先の句を詠んだのである。

また、同じ『新虚栗集』には、「龍歎《か》石歎《か》雲曳起る幾秋ぞ」という漁曰《ぎょえつ》の句が収録されているが、これには「山中医王密寺に蟠龍石《ばんりゅうせき》と伝ふ水盤あり。いとあやしむに絶えたり。まことや深山大沢龍蛇を生ずと」という前書きがある。『三州奇談』巻四「怪石生雲」には、触れるとたちまち空が曇るという怪石の話が紹介されているが、この「蟠龍石」も同様のものと思われる。

これらの句において、怪異譚は「余情」を添えるコンテクストとして用いられていると言えるだろう。

蕪村と妖怪

蕉風復興の一翼を担いながらその単なる継承ではなく、いわば都市系俳諧の知的な技巧と地方系俳諧の視覚的形象性・抒情性を止揚することによって独自の境地を築いたのが、中興俳諧の雄、与謝蕪村《よさぶそん》であった。蕪村は享保元年（一七一六）に生まれ、天明三年（一七八三）に没しているが、享保三年に生まれ、同じ天明三年に没した堀麦水とはまさに同世代を生きた人物だと言える。

蕪村の句には、妖怪を題材にしたものが多くあることが知られている。地方系俳諧が、見たものをそのまま詠むことでしばしば平板な句になりがちであったのに対し、蕪村はそれを逃れるためにあえて非日常的・非現実的な題材を詠み込むことがあった〔大輪　二〇一四〕。妖怪はその一つだったのである。

河童《かはたろ》の恋する宿や夏の月（『蕪村句集』）

狐火の燃つくばかり枯尾花（同）

狐火や髑髏に雨のたまる夜に（同）

鬼老いて河原の院の月に泣く（『夜半叟句集』）

これら蕪村の句に詠まれた妖怪は、初期俳諧のように言葉遊びの材として用いられているわけではなく、句が作り出す情景に幻想的な雰囲気を帯びさせるための装置としての役割を果たしている。つまり、句に「余情」を与えるためのものとして、妖怪が用いられているのだ。

草枯れて狐の飛脚通りけり（『落日庵句集』）

人を取淵《とるふち》はかしこ歟《か》霧の中（同）

これらは妖怪の伝承をコンテクストとした句になっている。前者は、狐が飛脚となって人ではありえない早さで手紙を届けたという「狐の飛脚」の伝承に基づいたもの。後者は、淵で釣りをしていた男の足に小さな蜘蛛が繰り返し糸を絡みつけてくるので、それを近くの木になすりつけておいたところ、ものすごい力で木は根ごと引き抜かれて淵のなかに引きずり込まれ、淵のなかから「賢い賢い」という声が聞こえてきたという「賢淵《かしこぶち》」の伝説に基づいたものである。

怪異そのものを詠んだと思われる句もある。「いづこより礫《つぶて》うちけむ夏木立」（『蕪村句

図14　うぶめ（『蕪村妖怪絵巻』）

集』）は、どこからともなく礫が打ち込まれる「天狗礫」などと呼ばれる怪異を題材としたものと思われる。怪しい礫によってもたらされた微《かす》かな音は、かえって「夏木立」の静寂を深いものにしている。これも怪異によって生み出された「余情」である。

そして、画人としても知られる蕪村は、一種の化物尽くし絵巻（元は欄間画）を描いている（図14）。これは宝暦四年（一七五四）から七年にかけて蕪村が滞在していた丹後宮津《たんごみやづ》の見性寺《けんしょうじ》に伝わっていたもので、昭和初期に北田紫水文庫の収蔵品となり、複製も作られたが、その後は散逸し、原本の所在は不明となっている。現在では複製によってその内容を知ることができる。

そこには、「榊原屋敷の猫また」「林一角坊が見た赤子の幻影」「京帷子《かたびら》が辻のぬっぽり坊主」「出羽の国横手の城下虵《じゃ》の崎の橋のうぶめ」「鎌倉若宮八幡銀杏《いちょう》の木の化物」「遠州見附《みつけ》の宿の夜泣き婆」「山城駒《こま》（狛）の渡り真桑瓜《まくわうり》の化物」「大坂木津西瓜《すいか》の化物」などの妖怪が描かれている。それらが伝承されている地域について見てみると、関東・東北、そして京・大坂の周辺にほぼ限定されている。これらはいずれも蕪村がおもむいたことのある場所であり、それぞれの地域で蕪村が実際に耳にした話を元にしていることがうかがえる。

横手（現秋田県横手市）蚰の崎橋の「うぶめ」の伝承は、実際に現地に伝承されていたことがわかっている。蕪村は芭蕉五十回忌に当たる年の寛保三年（一七四三）に東北地方を遊歴し、秋田を訪れている。蕪村は江戸で右江《みぎえ》麦天《ばくてん》（渭北《いほく》）という俳諧師の立机《りつき》（宗匠として独り立ちすること）を助けているが、その渭北が秋田俳壇に大きな影響力を持っていたことが、秋田入りの背景にあったらしい〔内山　二〇二三〕。ちなみに秋田の久保田城には与次郎という名の「狐の飛脚」の伝説が残っており、先の句はそれに基づいたものだろう。また「賢淵」は宮城県仙台市に所在するが、蕪村は白石（現宮城県白石市）や松島（現宮城県宮城郡松島町）なども訪れているので、その伝説についても現地で聞いたものと推測される。

芭蕉と違い、あまり旅のイメージのない蕪村だが、それでもおもむいた先でさまざまな奇談を聞き集めていたのである。

俳人の奇談収集

俳人がみずからの足で旅をし、行った先々で聞き集めた諸国の奇談をまとめたものとしては、ほかに百井塘雨《ももいとうう》の『笈埃随筆《きゅうあいずいひつ》』や、鳥翠台《ちょうすいだい》北巠《ほっけい》の『北国奇談巡杖記《ほっこくきだんじゅんじょうき》』、栗本玉屑《くりのもとぎょくせつ》の『東貝《あずまかい》』、岸丈左《きしじょうさ》の『諸国奇談東遊奇談』などがある。

百井塘雨は京都の人で、安永から天明（一七七二〜八九）にかけ、俳諧の修行と称して諸国を遊歴した。『笈埃随筆』はその旅において見聞した珍談奇談を書き留めたもので、九州のヒヤウズエ（河童）や高野山・比叡山の餓鬼（憑《つ》かれると激しい空腹感に襲われるという）、越中魚津浦の狐の森（蜃気楼《しんきろう》のこと）など、地方の珍しい妖怪譚も紹介されている。なお塘雨は伴蒿蹊《ばんこうけい》に和歌を学んでおり、「諸国奇談もの」ブームの火付け役となった『西遊記』『東遊記』の著者、橘南谿《たちばななんけい》は同好の友人だった。『東遊記』には塘雨の体験談も随所で引かれている。蒿蹊の『閑田次筆《かんでんじひつ》』にも、塘雨から聞いたという「応声虫《おうせいちゅう》」（腹のなかで人の声に応えて物を言うという虫）の怪異、狐除けの発句の話、「逆木柱《さかきはしら》」（木を上下逆さにして柱にすると、鳴動などの祟りがあるという）の祟り除けの和歌の話などが載る。ちなみに狐除けの発句とは「おのが名の作りを食ふ狐かな」というもので、「狐」という字の旁《つくり》が「瓜」であることから、狐が瓜畑を荒らすのを防ぐ呪句とされた。このように、旅する俳人が各地で収集した奇談は、文人どうしのネットワークのなかで流通し、共有されていたのである。

鳥翠台北峑は金沢の伊勢派の重鎮、和田希因《きいん》の孫で、麦水とも交流があった。『北国奇談巡杖記』巻之二越中国之部「鳥の地獄」には、越中国礪波《となみ》郡五箇《ごか》の庄の林道《りんどう》（現富山県南砺市）に、夜ごとに音頭囃子の声を発する怪樹「林道の跳松《とびまつ》」があり、「加賀の麦水老人」もここで一夜を明かし、この松の声を聞いたと北峑に語ったことが記されている。さらに麦水が「跳松」の声を聞いて詠んだ句として「颯々《そうそう》の外に声あり秋の山」という句が紹介されている。これはまさに、怪異を体験した上で詠まれた句ということになり、実に興味深い。なお北峑は寛政《かんせい》十年（一七九八）、佐渡の総鏡寺境内に「荒海や佐渡によこたふ天の川」という芭蕉の句を刻んだ句碑「荒海塚」を建立している。北峑もまた芭蕉への憧憬を抱き、その顕彰をおこなった俳人であった。北峑が北陸を遊歴して名所旧蹟を訪ねたのは、芭蕉を俳人の理想像とし、その「旅する俳人」というスタイルを踏襲したものと考えられる。

栗本玉屑は肥後国（現熊本県）の出身で、僧侶として淡路《あわじ》・播磨《はりま》（現兵庫県）の寺の住職を歴任した人物である。俳諧を播磨における蕉風復興運動のリーダーであった栗本青蘿《せいら》に学び、師の没後はその芭蕉顕彰の活動を引き継いで、各地に芭蕉の句碑を建立した。『東貝』は寛政六年から七年にかけて、芭蕉の足跡を中心に各地の名所旧蹟を巡って書かれた紀行文であるが、その巻之五には、出羽国秋田で若者たちが「雷獣」（落雷と共に落ちてくるという獣）を仕留めて煮て食ったという話や、竜が天に上るのを見た話などの奇談も記されている。

岸丈左は京の俳人で、一無庵とも号した。『諸国奇談東遊奇談』は、橘南谿の『西遊記』『東遊記』によりもたらされた「諸国奇談もの」ブームのなか、寛政十三年（一八〇一）に京都で刊行された。序文を記したのはまさに南谿その人であったが、これは『西遊記』『東遊記』との連続性を装うことを目論んだ版元の要請に応じたものだった。丈左は芭蕉を慕い、天明八年（一七八八）にはその『更科紀行』の旅路をたどり、寛政元年（一七八九）、芭蕉が『おくのほそ道』の旅に出立してからちょうど百年目の年に奥州行脚に出ている。『諸国奇談東遊奇談』は、まさにその旅の最中に見聞した話を記したものと見られている（山本　二〇〇三）。

これらからうかがえるのは、芭蕉を理想像とする俳人たちが、その「旅する俳人」というスタイルをなぞるように諸国を遊歴し、それが各地の伝承や奇談の収集につながっているということである。観念上の存在にすぎなかった「歌枕」を実際に訪れ、みずからの目で見、耳で聞き、心に感じたものを表現した芭蕉は、知的な言葉遊びであった俳諧の姿を根底から変えてしまったばかりでなく、みずから旅をして、その土地でしか知られていなかった秘められた場所の記憶（伝承）を掘り起こす奇談収集者たちを生み出したのである。
たしかに、芭蕉自身は奇談の収集をしてはいない。だが芭蕉は、間接的に十八世紀の諸国奇談・民間伝承の収集、そしてその結果としての妖怪名称の増殖を後押ししたと言えるだろう。

ロールモデルとしての芭蕉

江戸時代後期の成立とされる『芭蕉翁行脚怪談袋《ばしょうおうあんぎゃかいだんぶくろ》』という怪談集は、そうした諸国奇談収集のロールモデルとしての芭蕉の姿が端的にあらわれたものである。

『芭蕉翁行脚怪談袋』は、芭蕉がその旅の先々で出会ったさまざまな奇談・怪談を記したものという体裁を取っている。例えば「翁、備前《びぜん》岡山を越えること　付《つけたり》　猅々《ひひ》に逢いしこと」では、岡山城下の知人を訪ねるため備前国の山中を歩いていた芭蕉は、身の丈一丈（約三メートル）にも及ぶ巨大な猿のような怪物を目撃する。その後、知人に山中で出会った怪物の話をしたところ、それは「猅々（狒々）」とも「山男」とも呼ばれるもので、年を経た猿が変じたものだと教えられる。

もちろん芭蕉がこのような体験をしたという事実はない。しかし話の内容自体は、江戸時代の怪談・奇談集や随筆などのなかに類話をいくらでも見いだすことができる。この『芭蕉翁行脚怪談袋』は、連歌師《れんがし》の宗祇《そうぎ》を主人公とした貞享二年（一六八五）刊の『宗祇諸国物語』などと同じく、著名な人物の体験に仮託して記された怪談集の一つだが、十八世紀以降の奇談収集と蕉風復興との関係性が象徴的な形であらわれたものととらえることができる。

芭蕉をその理想像に据えた俳人たちは、旅をしながら自分の目で見たもの、耳で聞いたものに感情を動かされながら句を詠んでいった。同時に、その土地に伝わる伝承を、句に情的なコンテクストを与えるものとして収集していったのである。十八世紀に見られる地誌・民俗誌的な記述の増加、そしてその結果としての妖怪名称の急激な増加の背景の一端に、蕉風復興をはじめとする地方系俳諧の活動があったということは、今後検証されてよいだろう。

集成される妖怪・創造される妖怪

「地誌」としての『諸国里人談』

十八世紀、各地に輩出した文人たちによって、それまで知られることのなかった地方の伝承や奇談が掘り起こされ、記録されていったことを前節で確認したが、こうして集められた伝承は、しばしば都市の知識人たちによってすくい上げられ、地誌や百科全書、あるいは図鑑のような一覧性のあるメディアに集成されていった。この節では、その代表的なものとして、菊岡沾涼《きくおかせんりょう》の『諸《しょ》国里人談《こくりじんだん》』、および鳥山石燕《とりやませきえん》の『画図百鬼夜行《がずひやっきやぎょう》』にはじまる妖怪絵本を取り上げてみたい。なぜこれらを取り上げるかというと、その著者がいずれも俳人であったからである。

まずは菊岡沾涼の『諸国里人談』について見ていくことにしよう。先に少し触れたように、寛保《かんぽう》三年（一七四三）に刊行された『諸国里人談』は、諸国の珍談奇聞を神祇《じんぎ》・釈教《しやっきょう》・奇石《きせき》・妖異・山野・光火・水辺・生植・気形《きぎょう》・器用の十部に分類して紹介したものである。

飯倉洋一は、享保から宝暦《ほうれき》（十八世紀初〜中ごろ）にかけての文芸界において、浮世草子《うきよぞうし》の衰退から読本《よみほん》の誕生までの間隙を埋めるものとして、「奇談」というジャンルが存在していたことを指摘している〔飯倉　一九九三〕。ただし、この場合の「奇談」は、現在その言葉からイメージされるような「不思議な話」「怪しい話」ではなく、「綺《あや》ある談《かたり》」、つまり教訓的な内容を面白く語る読み物を意味していた。それは前節でも触れた、享保の改革の庶民教化政策を受けたものであった。

沾涼の『諸国里人談』、そしてその続編である『本朝俗諺志』は、いずれも宝暦四年（一七五四）の『新増書籍目録《しょじゃく》』において「奇談」に分類されている。しかし、同じく「奇談」に分類されている他の書物と比べると、教訓的な性格は希薄であった。さらに『諸国里人談』が他書と一線を画しているのは、奇談を内容別に分類するその記述態度であった。真島望は、こうした『諸国里人談』の記述態度は地誌に近いものであると指摘している。余計な描写を極力排した簡潔な文章も、奇談集というよりはむしろ地誌のそれである〔真島　二〇〇九〕。

実際に沾涼は、享保十七年（一七三二）に江戸の名所を紹介した『江戸砂子《えどすなご》』という地誌を著している。もっとも『江戸砂子』の構成は、江戸市中を六つの地域に分け、それぞれの名所を地理的順序に従って紹介したものであったが、享保二十年に刊行した『続江戸砂子』は、「年中行事」「名産」「神社」「名所古跡」「寺院」「名木」「薬品」などの項目に分類した構成となっている。このような項目別の記述方法を取った地誌は、貞享《じょうきょう》二年（一六八五）の『京羽二重《きょうはぶたえ》』、同四年の『江戸鹿子《かのこ》』以降とされる。こうした項目別の構成はインデックス性を高め、より実用的な性格を地誌にもたらした。元禄十四年（一七〇一）の『摂陽群談《せつようぐんだん》』も、これらの影響を強く受けた地誌であった。

ただし『諸国里人談』の分類項目は、これらの地誌よりはむしろ一種の国語辞典・百科事典である「節用集《せつようしゅう》」や「類書《るいしょ》」のそれに近い。事実、『諸国里人談』には、和製類書の代表格である『和漢三才図会《わかんさんさいずえ》』からの影響が見られる。

俳諧と博物学

ここで、著者の菊岡沾涼が俳諧師であったという事実を思い返してみたい。美術史家の今橋理子は、伝統的な和歌では用いられることのなかったあらゆる言葉や事物を「俳言《はいごん》」として用いる俳諧は、必然的に「博物学」としての傾向を帯びることになったという実に興味深い指摘をおこなっている。

俳諧連歌における俳言＝俗語使用の問題は、いかに多くの雅語以外の言葉を、自らの存在する世界の中から選び出すことか、ということでもあった。その言葉を選び出す行為は、言い換えれば、いかにこの世にある多くの事物を知り得るか、ということでもある。この一見きわめて素朴な原理は、驚くことに当時の本草・博物学の理念と深く通底するものであった。〔今橋　二〇一七　四〇三頁〕

生物学者の西村三郎もまた、俳諧の手引書が博物学的な書物ときわめて近しいものであったことを指摘し、俳諧ブームが近世における博物学の流行を準備したと論じている〔西村　一九九九〕。例えば正保《しょうほう》二年（一六四五）刊の俳諧指南書『毛吹草《けふきぐさ》』の巻第四は、諸国の名物を国ごとに列挙し、十七世紀前半の物産記録としても重要な意味を持つものとなっている。もちろんこれは「俳言」として用いるためであったのだが、結果的に博物誌としての性格を帯びることになったのである。

安永四年（一七七五）に刊行された、最初の全国的な方言辞典である『物類称呼《ぶつるいしょうこ》』の著者は、曲亭馬琴《きょくていばきん》の俳諧の師でもあった越谷吾山《こしがやござん》である。この書は、全国の方言を天地・人倫・動物・生植・器用・衣食・言語の七門に分類して紹介したものであるが、この分類は『諸国里人談』のそれに近い。また方言といっても、『物類称呼』というタイトルが示すように、動物・植物などさまざまなモノの地方名が大半を占めている。それは江戸時代の本草書、今で言う博物学の書物を思わせるものであるが、モノの名前が俳諧において重要な意味を持つことは、もはや言うまでもないだろう。吾山は安永八年にも、『雅言《がごん》俗語《ぞくご》翌檜《あすならふ》（俳諧翌檜）』という言語の辞典を刊行しているが、こちらは題名からわかるように、俳諧で用いられる言葉を集成したものであることを端的にうたっている。

なお、これらのいずれにも、妖怪の名が取り上げられていることに注目したい。『毛吹草』には豊後《ぶんご》の名物として「川童《カハラウ》」が、摂津《せっつ》の名物として「野里川嶋村蟹《シマムラガニ》」の名が挙がっている。「嶋村蟹」には「昔嶋村ト云人此所ニテ合戦シ果ケル其幽霊ト云　カニノ甲ニ人皃《かお》スハレリ」という伝承が合わせて記されている。『物類称呼』でも「川童（がはたろう）」は大きく取り上げられ、諸国での呼び名の違い、姿かたちと性質、その避け方などが記されている。『雅言俗語翌檜』には「姥が火」「蜃楼《カイヤグラ》」「河童《ガハタラウ》」「鎌鼬」「頽馬《ダイバ》風」「鮫人《ウミボウズ》」「山夫《ヤマオトコ》」「山姑《ヤマウバ》」「罔像《アヤカシ》」「山　都《ミコシニウダウ》」「職神《シキノ》」など多くの妖怪が「俳言」として紹介され、例えば「鎌鼬」には「いせ、ミの、するがなどにて一目連と云、さがみの国にてはかま風と云、極寒に大風吹く時有事也」といった簡単な解説が加えられている。

今橋が指摘するように、俳諧師は句作のためにこの世のありとあらゆる知識に通暁《つうぎょう》する必要があった。そうした俳諧師の生態は、まさに「言葉の博物学者」とでも呼びうるものだった。そのため江戸時代において、俳諧師たちが博物誌的な著作を数多く手がけたことは驚くにはあたらないのである。

蕉門へのシンパシー

菊岡沾涼は江戸座の俳諧師で、江戸俳壇の中心人物であった水間沾徳《みずませんとく》と同じ内藤露沾《ろせん》の門人であった。しかし沾涼は、沾徳の跡を継いで俳壇の中心となり、俳諧宗匠《そうしょう》の組織、江戸座を束ねていた沾洲《せんしゅう》との関係が悪化したことで、江戸俳壇では孤立した存在となっていた。この俳壇での孤立が、沾涼をむしろ『江戸砂子』『本朝世事談綺《ほんちょうせじだんき》』『諸国里人談』『本朝俗諺志』といった地誌・奇談集の著作に向かわせたとされている。

ところで真島望は、沾涼の親蕉門的な言説や行動もまた、その俳壇での孤立の原因であったと見ている〔真島　二〇〇四〕。沾涼は芭蕉と同じ伊賀上野《いがうえの》の出身であり、養祖父菊岡如幻《じょげん》は芭蕉と面識があった。また沾涼は『続江戸砂子』で、「江府には第一翁の旧跡あるべかりけるに、其跡さへしる人まれ也。今宗匠誹士幾千の数もしられざる中に、誰あつてこれを興す人なし。江府誹人の風雅なきを他の国にて笑られんもいと口おし」と、芭蕉が暮らした深川本所《ふかがわほんじょ》の芭蕉庵の荒廃を嘆いていた。しかし当時の江戸俳壇は其角《きかく》・沾徳らの都会的な「洒落風《しやれ》」が一世を風靡《ふうび》し、沾洲らの奇をてらった「譬喩俳諧《ひゆ》」が席巻しているという状況で、枯淡・閑寂を旨とした蕉風俳諧はすでに時代遅れとなっていた。そのなかで、親蕉門的な態度を取る沾凉が孤立していくのは自然な成り行きであったと言えよう。

真島はこれに加えて、さらに興味深い指摘をしている。菊岡沾凉、金子宗周《かねこそうしゅう》、谷素外《たにそがい》、蝶夢《ちょうむ》、秋里籬島《あきさとりとう》といった名所・旧蹟に関心を寄せ、地誌的な著作を著した都市の俳人たちは、一様に芭蕉の顕彰行為にもかかわっていた。それらは、みずからの拠って立つ場所の歴史性について鋭敏であるという点において通底するものだった〔真島　二〇一四〕。蕉風復興運動は、地方においては新たな奇談や妖怪伝承の発掘につながっていったが、都市においては俳人による地誌編纂という行為となってあらわれたのである。それは佐谷眞木人が指摘するように、芭蕉自身が「名所」の歴史性に鋭敏であったということと深く関係しているように思われる。

寛政十二年（一八〇〇）に『諸国里人談』が再版された際に、『都名所図会《みやこめいしょずえ》』など、数々の「名所図会」の著者として知られる秋里籬島が次のような跋文《ばつぶん》を寄せている。

此ふみは、けふよりや書つけ消さん笠の露、と蕉翁の曾良にわかれしとき旅のあはれをのべられし句也。そがながれを汲て、東都の菊岡沾涼子真菅のかさにあかざの杖をひいて、やまつたひつたひし花のあけぼのにうかれありき、雪の夕ぐれに家なきあたりをさまよひ、あるは梢えゆらす峯の寺、藻たく海士の家または船のうちに泊りて、遠近人のかたりあふをかいあつめたる行脚ものがたり也。

ここで奇談を聞き集める沾涼の姿は、まさに芭蕉の姿になぞらえられている。越谷吾山もまた芭蕉を俳人の理想像として敬愛し、みずから旅をしてモノの地方名の収集をおこなっていた〔杉本　一九八九〕。ここにもロールモデルとしての芭蕉の存在の大きさをうかがうことができよう。

『諸国里人談』の俳諧ネットワーク

沾涼の序文によれば、『里人談』に収録された話は、ありのままに里人の語った内容を記したものであるという。実際に沾涼自身が旅をして収集した話も確かに見られるのだが、やはり全国にわたるすべての話を沾涼一人で聞き集めたということは考えにくく、他の文献からの引用も多く見られる。例えば先に紹介した「光火部」、怪火について紹介した部分は、『和漢三才図会』から多くを引用している。

だが、なかには「俳諧ネットワーク」を利用して入手したと思しき話題もある。例えば

「宗語狐《そうごぎつね》」は、芭蕉の門人であった八十村路通《やそむらろつう》から直接聞いた話として記されている。路通は沾涼の師であった露沾のもとで俳諧をおこなっていたことがあるので、沾涼とも直に会話する機会があったと思われる。「宗語狐」は路通と狐が化けた老僧との交流について語ったもので、『諸国里人談』のなかでも最も長いエピソードである。続く「稲荷仕者」も路通から聞いた話で、これは宗語狐が路通に語ったもの、つまりもともとの情報源は妖怪自身（！）という実に驚くべきエピソードである。

また「火浣布《かかんぷ》」は、元禄のころ、長崎の花明《かめい》という俳諧師が火浣布（水ではなく火で洗うという布。石綿のこととされる）の小袋を所持していたという話で、これも俳諧師のネットワークを通じて聞いた話と考えられる。

伊勢国安濃津《いせのくにあのつ》（現三重県津市）の「鬼押《おにおさえ》」「阿漕塚《あこぎづか》」「分部火《わけべのひ》」、同国壱志《いちし》郡家城《いえき》の里（現三重県津市）川俣川の「窟女《いわやおんな》」と「千方火《ちかたのひ》」など、津周辺の話題が多いのは、明らかに何らかの人的ネットワークが存在していたことを推測させる。実際に沾涼の門人には、伊勢国津清水村住の東沚《とうし》という人物がいた。また伊勢は、蕉門の伊勢派の本拠地であった。親蕉門的な態度を取っていた沾涼が、むしろ地方系俳諧のネットワークと結びついていたとしても不思議ではないだろう。

片輪車

『諸国里人談』では、名前のある妖怪は主に「妖異部」と「光火部」で紹介されている。「妖異部」では、「髪切」「河童」「皿屋敷」「木葉天狗」「片輪車」などが紹介されているが、なかでも「片輪車」は、この『諸国里人談』を通じてよく知られるようになった妖怪である。

近江国甲賀郡に、寛文のころ片輪車といふもの、深更に車の碾音して行あり。いづれよりいづれへ行をしらず。適にこれに逢ふ人は、則絶入して前後を覚えず。故に夜更ては往来人なし。市町も門戸を閉て静る。此事を嘲哢などすれば、外よりこれを罵りかさねて左あらば祟あるべしなどゝいふに、怖恐て一向に声も立ずしてけり。或家の女房、これを見まくほしくおもひ、かの音の聞ゆる時、潜に戸のふしどより覗見れば、牽人もなき車の片輪なるに、美女一人乗たりけるが、此門にて車をとゞめ、我見るよりも汝が子を見よと云におどろき、閨《ねや》に入て見れば、二歳ばかりの子、いづかたへ行たるか見えず。歎悲しめども為方《せんかた》なし。明けの夜、一首を書て戸に張りて置けり。

罪科《つみとが》は我にこそあれ小車のやるかたわかぬ子をばかくしそ

その夜片輪車、闇にてたからかによみて、やさしの者かな、さらば子を帰すなり。我人に見えては所にありがたしといひけるが、其後来らずとなり。

図15　片輪車（『諸国百物語』国文学研究資料館蔵）

無礼な振る舞いがあれば祟りがあるという「片輪車」を、好奇心に負けて覗き見てしまった女房は、その罰として子どもを連れ去られるが、悲痛な思いを巧みな和歌に乗せて詠んだことで、「片輪車」の怒りを解き子どもを返される。

「片輪車」の話は、延宝《えんぽう》五年（一六七七）の『諸国百物語』に見え、その話の内容も『諸国里人談』とほぼ同様なのだが、場所は近江ではなく京の東洞院《ひがしのとういん》であり、その姿も車輪の真ん中に入道の頭がついているというもので（ただし本文中ではただの車輪で、これは挿絵のみの表現）、結末も子どもはすでに殺されていたことがわかるバッドエンドとなっている（図15）。

『諸国里人談』の「片輪車」は、凄惨な恐怖譚であった『諸国百物語』のエピソードに、和歌の徳をうたう「歌徳説話」の要素が加えられたものと見ることができるが（今井　二〇〇七)、この形の「片輪車」の話は、すでに福岡藩の儒学者・本草学者であった貝原益軒《かいばらえきけん》の『朝野雑載《ちょうやざっさい》』に紹介されている。内容は『諸国里人談』のものとほとんど同じで、ただ詠まれた歌が「罪科は我にこそあれ小車のやるかたわかぬ子をなかくしそ」と、一字だけ異なったものとなっている。実は文法的にはこちらの方が正しく(「な…そ」で穏やかな制止をあらわす)、また「光火部」で紹介された「二恨坊火《にこんぼうのひ》」にも、やはり『朝野雑載』を元にしたと思われる表現が見られることから、『諸国里人談』の「片輪車」が『朝野雑載』から引き写されたものであることが推測されるのである。

油　坊

怪火を取り上げた「光火部」には、さらに多くの名前のついた妖怪(怪火)が紹介されている。ここでは「油盗火」を取り上げておこう。

近江国大津の八町に、玉のごとくの火、竪横に飛行す。雨中にはかならずあり。土人の云、むかし志賀の里に油を売ものあり。夜毎に大津辻の地蔵の油をぬすみけるが、その者死て魂魄、炎となりて迷ひの火、今に消ずとなり。
〇又叡山の西の麓に、夏の夜燐火飛ぶ。これを油坊といふ。因縁右に同じ。七条朱雀の道元が火、みな此類ひなり。これ諸国に多くあり。

この記述の前半は、元禄二年(一六八九)の『本朝故事因縁集《ほんちょうこじいんねんしゅう》』第五十七「江州大津油盗火」に基づいているが、後半の部分は『和漢三才図会』巻五十八「火類」のうち「鬼火《おにび》」からの引用である。

比叡山西の麓毎夏闇月夜鬼火多く南北に飛ぶ、人以つて愛執の火と為す。疑ふらくは此れ鵁鶄《ごいさぎ》の火ならん。七条朱雀の道元が火、河州平岡の媼《う》ばが火等、古今人口に有り。

「七条朱雀の道元が火」というのは、実は「宗玄火」の誤りである。誤りがそのまま引き写されていることからも、『諸国里人談』が『和漢三才図会』のこの記述に基づいていることは明白である。

だが、『里人談』においては、若干の情報の錯綜が起こっている。『里人談』では比叡山の西の麓に飛ぶ燐火は「油坊」となっているが、『和漢三才図会』では「愛執の火」となっている。沾涼はこの「愛執」を油への執念と解したのかもしれないが、実はこれは文字通り「愛欲の執心」が生み出した怪火であった。

貞享三年（一六八六）に刊行された山城国《やましろのくに》の地誌『雍州府志《ようしゅうふし》』巻之八に、次のような記事が見える。

相逢ノ杜リ　叡山西ノ麓ニ在リ。毎年夏五月ノ時節、夜ニ入テ数点ノ火、南北ヨリ飛行シ、斯ノ杜ニ於テ則其ノ光滅《き》ユ。黴雨陰湿之夜、特ニ多シ。土人是ヲ逢《アフ》火ト謂フ。

伝言フ、昔日山門ニ淫僧有リ。其ノ僧ノ寵愛スル所之美童、北谷ニ在リ。其ノ童病死ス。僧モ亦尋テ卒ス。其ノ愛著之起ル所、死後散セズ。亡魂鬼燐ト化シテ飛行シ、斯ノ杜ニ於テ相逢時ハ、則滅ユト。之ニ依テ逢フ火ト称スト云フ。此ノ節叡山ノ西面所々ヨリ之ヲ見ル。大徳寺辺ヨリ之ヲ見時ハ、則特ニ現然タリ。然トモ野火ニ非ズ、鬼燐ニ非ズ。毎ニ五月ノ時節、斯ノ辺五位鷺多ク飛行ス。倦則各々斯ノ杜ニ入テ休ス。然トモ林茂シテ其光ヲ見ズ。是ヲ相逢時ハ則消滅スト謂フ。

「叡山西ノ麓」「南北ヨリ飛行」という表現や、その正体を五位鷺（「鵁鶄《きょうせい》」は五位鷺の意）とするところなど、多くの共通点が見られることから、おそらくこれが『和漢三才図会』の「愛執の火」の情報源であろうと思われる。だが、沾涼はこの「逢火《あうひ》」という怪火を知らなかった。そのため、これを「油盗火」とよく似た怪火「油坊《あぶらぼう》」を指すものと解したのだろう。

「油坊」の名は、近江国膳所《ぜぜ》藩の儒者、寒川辰清《さむかわとききよ》によって著された近江国の地誌『近江《おうみ》輿地志略《よちしりやく》』に見いだすことができる。「油坊火《あぶらぼんがひ》」の見出し語の下に『本朝故事因縁集』の「油盗火」の記事を引用し、また『古今百物語評判《ここんひやくものがたりひようばん》』にも同様の記事（「油盗人《あぶらぬすびと》」）があることを触れたのちに、『本朝故事因縁集』に大津八町のこととしているのは誤りで、大津浦、膳所崎《ぜぜがさき》などの琵琶湖周辺に出るのだと述べ、実際に膳所崎で怪火を目撃したことを記している。地元の人間による証言であることから、現地では「油盗火」ではなく、「油坊（火）」と呼ばれていたことがうかがえる。

沾涼はこの『近江輿地志略』に基づいて、「油坊」の名を記したのだろうか。『近江輿地志略』は享保十九年（一七三四）の成立とされているが、実は寛政十年（一七九八）に藩主本田康定《ほんだやすさだ》から幕府に献上されるまで、六十年以上ものあいだ藩外に知られることがなかったという。それでは沾涼はどこから「油坊」の名を知ったのか。あくまで推測でしかないが、ここにも沾涼の「俳諧ネットワーク」が働いていたのではなかろうか。享保八年に刊行された沾涼撰の絵俳書『百華実《ひやっかじつ》』には、江州大津住の奇芳《きほう》という俳人が句を寄せており、沾涼が近江の俳壇ともつながりがあったことがうかがえる。また近江膳所は晩年の芭蕉が頻繁に訪れた場所で、門人も多く、近江蕉門と呼ばれる一派が形成されていた。親蕉門の沾涼は彼らともネットワークを築いていたのかもしれない。

『諸国里人談』から妖怪図鑑へ

『諸国里人談』は、多くの読本や草双紙《くさぞうし》の「元ネタ」となったことが知られている。諸国の奇談を類聚《るいじゅ》した書物として、当時の戯作者《げさくしゃ》たちに重宝されたであろうことは容易に想像できる。ここで注目したいのは、江戸で人気のあった「妖怪図鑑」に、『諸国里人談』が題材を提供したという事実である。

安永五年（一七七六）に刊行された鳥山石燕の『画図百鬼夜行』は、一頁（半丁）ごとに一種類ずつの妖怪を、その名前と姿かたちとともに紹介した「妖怪図鑑」として人気を博した。安永八年にはその続編として『今昔画図続百鬼』が刊行されたが、そこには「片輪車」（図16）が描かれていた。その詞書を見れば、それが『諸国里人談』から採られたことは一目瞭然である。

> むかし近江国甲賀郡によな〳〵大路を車のきしる音しけり。ある人戸のすき間よりさしのぞき見るうちに、ねやにありし小児いづかたへゆきしか見えず。せんかたなくてかくなん、
>
> 　つみとがはわれにこそあれ小車のやるかたわかぬ子をばかくしそ
>
> その夜女のこゑにて、「やさしの人かな。さらば子をかへすなり」とてなげ入レける。そのゝちは人おそれてあへてみざりしとかや。

また、『今昔画図続百鬼』の同じ見開きのもう一方には「油《あぶら》赤《あか》子《ご》」という妖怪が描かれているが、その詞書も『諸国里人談』の「油盗火」を利用したものである。

図16　片輪車（『今昔画図続百鬼』）

近江国大津の八町に、玉のごとくの火飛行《ひぎやう》する事あり。土人云、「むかし志賀の里に油をうるものあり。夜毎に大津辻の地蔵の油をぬすみけるが、その者死て魂魄炎となりて、今に迷ひの火となれる」とぞ。しからば油をなむる赤子は此もの、再生せしにや。

あるいは石燕は、「油坊」の「坊」を「坊主」ではなく「坊や」と解し、この「油赤子」を創作したのかもしれない。

このほかにも、「皿かぞへ」の詞書が『諸国里人談』妖異部の「皿屋敷」から採られており、『諸国里人談』は『今昔画図続百鬼』の重要な「ネタ本」となっていたことがわかる。

俳人・鳥山石燕

ところで、これら「妖怪図鑑」の作者として知られる鳥山石燕もまた、俳人としての顔を持っていた。石燕はその門弟たちとともに、初め芭蕉の弟子の各務支考《かがみしこう》に連なる一派である四大家《しだいか》流の歳旦帖《さいたんじょう》（年始に詠んだ発句を収録したもの）に挿絵を寄せていた〔赤木　二〇二二〕。四大家流とは、芭蕉の四人の弟子、其角・支考・去来《きょらい》・許六《きょりく》の秘書・遺品を伝授することにちなんだ呼称で、駿河小島《するがおじま》藩の人びとを中心とする俳諧グループであった〔加藤　一九九二〕。ここには、石燕の弟子であった戯作者の恋川春町《こいかわはるまち》が小島藩士であったことが関係していよう。なお、石燕は七十一歳の年（天明二年〈一七八二〉と推定される）に芭蕉の肖像画を描いているが、そこには「芭蕉」「桃青」の印章が捺《お》されている。江戸座俳諧の研究者である島田筑波は、石燕自身がこの芭蕉（桃青）の印章を所持していた可能性を示唆しているが〔島田　一九八六〕、これらは四大家流に伝来されていたものだったかもしれない。

　明和末年に四大家流が衰微するとともに、石燕一門は東柳窓燕志《とうりゅうそうえんし》の歳旦帖に挿絵を寄せるようになる。この燕志の歳旦帖は当時評判が高かったという。また早くから蕉風復興を唱え、江戸座の低俗性を批判していた雪中庵蓼太《せっちゅうあんりょうた》とも交流があり、蓼太の歳旦帖に石燕一門が句を寄せるほか、石燕の『水滸画潜覧《すいこがせんらん》』『絵事比肩《えじひけん》』には蓼太が序を寄せており、両者の交遊の深さがうかがい知れる。なお、石燕没後の文化二年（一八〇五）に再板された『画図百鬼夜行』には、安永六年正月の日付のある蓼太の序が加えられている。一方で石燕は、安永二年（一七七三）刊の江戸座（其角座）宗匠の肖像画集『雙猨路談《そうえんろだん》』で湖十《こじゅう》と馬肝《ばかん》の肖像画を描いており、江戸座の俳諧師とも交流があったことがわかる。石燕は、江戸の俳人のあいだに広範なネットワークを築いていたのである。

妖怪図鑑と俳諧

安永五年（一七七六）に刊行された石燕の最初の「妖怪図鑑」である『画図百鬼夜行』は、さまざまな妖怪を一つずつ紹介した「化物尽くし絵巻」と総称される絵巻をベースとして、山岡元隣《やまおかげんりん》の『古今百物語評判』や『新御伽婢《しんおとぎぼう》子《こ》』などの怪談集に登場する妖怪を加えて描かれたもので、犬神・窮奇《かまいたち》・叢原火《そうげんび》・姥が火・飛頭蛮《ろくろくび》・雪女・見越・ぬっぺっぽうなど、十七世紀からよく知られていた妖怪たちが大半を占めている。

ところが、続く安永八年の『今昔画図続百鬼』では、『平家物語』『太平記』や謡曲などの古典に登場する妖怪、そして『和漢三才図会』『諸国里人談』などの博物誌的な文献に基づいた妖怪が大半を占めるなか、石燕が創作したと思しき妖怪が混じってくる。「百々《どど》目鬼《めき》」（図17）はその一つである。

函関外史云《かんくはんぐはいしにいはく》、「ある女生れて手長くして、つねに人の銭《ぜに》をぬすむ。忽《たちまち》腕《うで》に百鳥《ひやくてう》の目を生ず。是鳥目《てうもく》の精《せい》也。名づけて百々目鬼《どゝめき》と云」。外史は函関以外《かんくはんいぐはい》《はこねからさき》の事をしるせる奇書《きしよ》也。一説にどゞめきは東都《とうと》の地名ともいふ。

もっともらしい説明だが、まず『函関外史』という書物は、「野暮と化物は箱根から先」（遊里での約束事を知らない人間と化物は江戸にはいない）という江戸の諺《ことわざ》から石燕が創作した架空の書物である（「函関」とは「箱根の関」の意）。また「どどめき」とは江戸の地名で、菊岡沾涼の『江戸砂子』によれば「榎町《えのきちょう》弁天の前ヲ云」とされる。榎町は新宿区北東部、牛込《うしごめ》と呼ばれた地域の一部である。こうした「どどめき」あるいは「どめき」「どうめき」などという地名は、「とどろき（轟・等々力）」などと同じく、もともとは水流がぶつかる「どうどう」という音に由来する地名であるらしい。石燕は、この「どどめき」という地名と、銅銭を「鳥《ちょう》目《もく》」（中央の穴が鳥の目を思わせた）とも言うことから、銭を盗んだ報いで腕に百の目が生じた「百々目鬼」

図17　百々目鬼（『今昔画図続百鬼』）

という妖怪を創作した。こうした言葉遊びは、まさに俳諧（とりわけ都市系俳諧）が得意とするところだった。

そして、安永十年の『今昔百鬼拾遺《こんじやくひやっきしゅうい》』になると、創作妖怪の割合が俄然高くなってくる。これについては、近藤瑞木が詳しく分析しているが〔近藤　二〇一〇、二〇一二〕、その一端を示せば、「火前坊《かぜんぼう》」は「百々目鬼」と同様、江戸の「竈前坊谷《がぜんぼうだに》（我善坊谷）」という地名、「泥田坊《どろたぼう》」は「泥田棒（泥田を棒で打つ）」という諺、「機尋《はたひろ》」は大蛇の巨大さを表す「二十尋《はたひろ》」（約三十六メートル）という類型的表現、「火間虫入道《ひまむしにゅうどう》」は「ヘマムシ入道」という文字絵、「毛羽毛現《けうけげん》」は「稀有怪訝《けうけげん》」という熟語、「狂骨《きょうこつ》」は「おきやうこつ」という感嘆語から、それぞれ発想されているという。

近藤は、「石燕に於いて、妖怪（画）を創る行為は、言葉の発見と結びついていた」〔近藤　二〇一〇　四三頁〕と述べ、そこに石燕の俳人としての資質を見ている。石燕は『画図百鬼夜行』の跋で「画はまた無声の詩とかや」と述べているが、その妖怪画は、まさに絵として表現された俳諧だったとも言える。

『百器徒然袋』と『徒然草』

石燕最後の妖怪図鑑、天明四年（一七八四）の『百器《ひゃっき》徒然袋《つれづれぶくろ》』は、絵は土佐派の「百鬼夜行絵巻」から採りながら、名前のなかった妖怪たちに兼好法師《けんこうほうし》の『徒然草《つれづれぐさ》』の文章などから発想した名前やエピソードをこじつけた、まるまる創作妖怪のみの作品となっている。例えば冒頭部の「塵塚怪王《ちりづかかいおう》」と「文車妖妃《ふぐるまようひ》」は、『徒然草』第七十二段の「多くて見苦しからぬは、文車の文、塵塚の塵」という文章から発想されたものである。

『徒然草』は、俳諧にたずさわる者のあいだでは重要な意味を持つ作品だった。中世においてはごく限られた人びとにしか知られていなかったが、江戸時代に入って注釈書が数多く作られ、知識人たちのあいだに教養として急速に普及していった。俳人たちも『徒然草』を一種の古典として共有し、連句の「付合《つけあい》」に利用した。松永貞徳《まつながていとく》、北村《きたむら》季吟《きぎん》、山岡元隣、そして芭蕉の弟子の各務支考といった名だたる俳人たちが『徒然草』の注釈書を著していることからも、その重要性がうかがえるだろう〔横田　二〇〇〇〕。

『徒然草』を妖怪の創作に利用するというのは、現代の私たちの感覚からするとやや理解しづらいことであるが、俳諧を嗜《たしな》む石燕にとっては、それはむしろ自然なことだった。妖怪の創作は、俳諧の「付合」に似ていると言える。それらはいずれも、言葉の連想で異なるものを結びつけ、意外性に富んだ新たなものを生み出す行為だった。

『百器徒然袋』に「白容裔《しろうねり》」（図18）という妖怪が描かれている。絵に添えられた詞書では、古い布巾《ふきん》の化けたものと説明されているが、これは『徒然草』第六十段で、ある法師につけられたというあだ名「白うるり」を元にした妖怪名称である。「白うるり」とは、命名者である盛親僧都《じょうしんそうず》みずから「さる物を我も知らず」と言い放つ意味不明の言葉で、それゆえに俳人たちの興趣を大いに刺激した。「白うるり」の語はしばしば俳諧に用いら

図18　白容裔（『百器徒然袋』国立国会図書館デジタルコレクション）

れたが、貞門俳人の伝記・逸話を集めた『滑稽太平記《こっけいたいへいき》』によれば、松永貞徳の門下に末吉《すえよし》道節《どうせつ》という人がいて、「もし有《あら》ば雪女もや白うるり」という句を詠んで以降、「白うるりの道節」と呼ばれるようになったという。

煙々羅

ところで、『今昔百鬼拾遺』上之巻・雲の巻末には「煙々羅《えんえんら》」（図19）という妖怪が描かれている。

しづが家《や》のいぶせき蚊遣《かやり》の煙《けぶり》むすぼゝれて、あやしきかたちをなせり。まことに羅《うすもの》

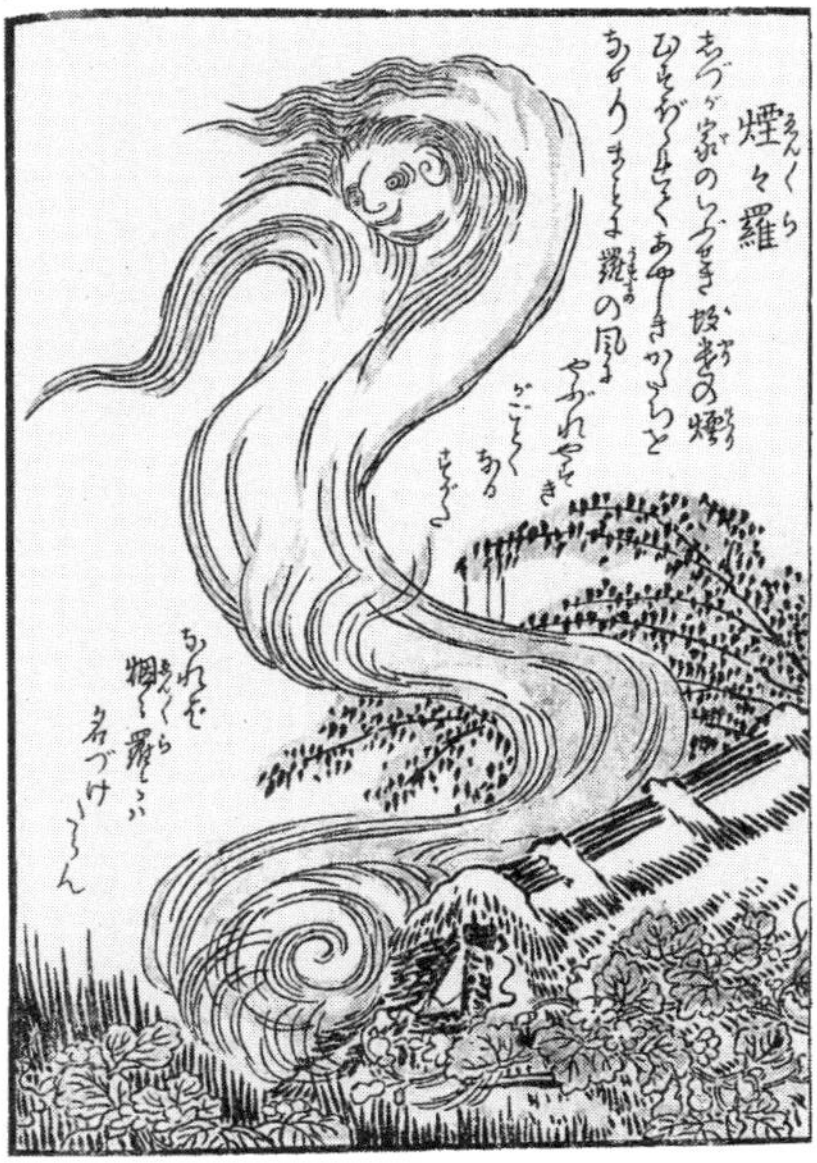

図19　煙々羅（『今昔百鬼拾遺』）

の風にやぶれやすきがごとくなるすがたなれば、烟《えん》々羅《ら》とは名づけたらん。

近藤瑞木は、「煙々羅」の絵に描かれた賤《しず》が家に、ユウガオらしき植物が見えることに注目し、これを『源氏物語』の「夕顔」を踏まえた『徒然草』第十九段の「六月の比、あやしき家にゆふがほの白く見えて、蚊遣火ふすぶるもあはれなり」という文章に基づいたものと解し、「『あはれなる』風情とされた賤が家の蚊遣火の煙を妖怪へと転じたものであり、古典的情趣の俳諧化を試みたもの」〔近藤　二〇一〇　四六〜四七頁〕ととらえている。俳諧の文脈で考えるならば、その読み解きに間違いはないだろう。だが、私はさらに、石燕による大胆な俳諧の仕掛けをそこに見いだすことができるのではないかと考えている。

この「煙々羅」は、芭蕉その人を妖怪化したものではないだろうか。

「まことに羅《うすもの》の風にやぶれやすきがごとくなるすがたなれば」煙々羅と名づけた、と石燕は言う。いっぽう、芭蕉は「風羅坊《ふうらぼう》」の別号を持っていた。その名の由来について、芭蕉の死後、宝永六年（一七〇九）に弟子の乙州《おとくに》により刊行された紀行文『笈《おい》の小文《こぶみ》』のなかで、芭蕉は次のように述懐している。

百骸九竅《ひやくがいきうけう》の中《うち》に物有《ものあり》、かりに名付《なづけ》て風羅坊《ふうらばう》といふ。誠にうすもののかぜに破れやすからん事をいふにやあらむ。

「百骸九竅《きゆうきよう》」とは『荘子』にある表現で、多くの骨と目耳鼻などの九つの穴、つまり人間の肉体のこと。そこに何とも言えぬ「物」があり、それを「誠にうすもののかぜに破れやすからん」ことから、仮に風羅坊と名づけたという。

実は「芭蕉」の号自体、「風雨に破れやすきを愛するのみ」（「芭蕉を移す詞」）という理由から名づけたものであった。風に破れやすい羅《うすもの》、そして芭蕉にみずからの存在を重ねたのは、芭蕉独特の無常観に基づくものだったが、ならば「まことに羅《うすもの》の風にやぶれやすきがごとくなるすがた」の煙々羅は、芭蕉その人を描いたものではなかったか。

ちなみに芭蕉は『おくのほそ道』のなかで、越前福井の等栽《とうさい》という俳人を訪ねて、「あやしの小家に夕皃《ゆふがほ》・へちまのはえかゝりて、鶏頭《けいとう》・はゝ木《き》々に戸ぼそをかくす」賤が家の門を叩いている。これは『源氏物語』の「夕顔」になぞらえたものとされるが、「あやしの小家に夕皃《ゆふがほ》・へちまのはえかゝりて」という表現は、むしろ『徒然草』を思い起こさせる。ならばこの「煙々羅」の絵は、『おくのほそ道』の一場面を描いたもの（！）ととらえることもできるのではないか。

石燕が描いた妖怪のなかには、実在の人物を妖怪として描いたものではないかと思われるものが散見される。「煙々羅」と同じ『今昔百鬼拾遺』上之巻・雲に描かれた「泥田坊」は、江戸の狂歌師泥田坊夢成《どろたぼうゆめなり》を茶化したものとされ、『百器徒然袋』の最後に描かれた妖怪「瓶長《かめおさ》」は、「亀長《きちょう》」の俳号を持つ石燕の弟子の恋川春町ではないかと推測される。また、駿河小島藩士であった春町の主君、松平信義《まつだいらのぶのり》は「文車《ぶんしゃ》」の俳号を用いていたが、実は婿養子で、その正室は先代藩主の娘であった。同じ『百器徒然袋』の巻頭で「塵塚怪王」に続いて描かれた「文車妖妃」は、あるいは……との邪推も可能だろう。

石燕が実際に芭蕉の肖像画を描いていることは先に述べたとおりだが、その妖怪絵本のなかにも、秘かに芭蕉の肖像を紛れ込ませていたのかもしれない。

俳諧と江戸の妖怪爆発

このように石燕の「妖怪図鑑」には、彼の俳人としての素養が遺憾なく発揮されていた。とりわけ、新たな妖怪を創り出すという行為に、俳諧が持つ「言葉の錬金術」とも言うべき性質が大きな役割を果たしていた。俳諧は、言葉と言葉の意外な出会いを楽しむ一種の遊戯であったが、その出会いが、時に新たな妖怪を生み出したのである。

安永七年（一七七八）刊の恋川春町《こいかわはるまち》作・画の黄表紙《きびょうし》『辞闘戦新根《ことばたたかいあたらしいのね》』は、「大木の切口ふといの根」「鯛の味噌ず」「四方のあか」「天井みたか」「とんだ茶釜」など、当時の流行語が化け物として登場する。先に触れたように、春町は石燕の弟子であり、また亀長の号を持つ俳人でもあった。石燕の弟子が描いた創作妖怪が登場する作品としてたいへん興味深いが、妖怪を創作するセンスは石燕の方が一枚も二枚も上手のようだ。ちなみに石燕は「天井みたか（天井見せる）」（＝参ったか、の意）という流行語から『今昔画図続百鬼』の「天井下《てんじようくだり》」を創作している。

貞享三年（一六八六）に刊行された井原西鶴《いはらさいかく》の『好色五人女《こうしよくごにんおんな》』に、「天満に七つの化物有」として、「大鏡寺の前の傘火《からかさび》」「神明の手なし児《ちご》」「曾根崎の逆《さかさま》女」「十一丁目のくびしめ縄」「川崎の泣坊主《なきぼうず》」「池田町のわらひ猫」「うぐいす塚の燃《もへ》からうす」の名が挙がっている。いずれももっともらしい名前であるが、これらは他にその伝承を記したものが見あたらず、あるいは西鶴の創作ではなかったか、とも思われる。俳諧師としても活躍した西鶴にとって、こうした妖怪の名前の創作はお手のものだったろう。堀麦水《ほりばくすい》もまた、妖怪の名前にこだわり、「白醜人《しらしゆうと》」などの妖怪名称の創作をおこなっていたことを思い出してもよいだろう。

十八世紀における各地方の妖怪伝承の収集、博物誌・地誌への集成、そしてその視覚化と言葉遊びによる妖怪の創作。それらが関連しあって妖怪の爆発的増殖が起こったわけだが、そのいずれにも、俳諧は大きな原動力として働いていたのである。

「怪異」のゆくえ

名づけられる「怪異」

「怪異」観の変容、そして俳諧という言葉を操る文芸の発達が、江戸時代における妖怪の「カンブリア爆発」をもたらしたことをこれまで見てきた。それでは最後に、江戸時代における「怪異」がどうなっていったのか、そのゆくえを見届けておくことにしよう。

柳原紀光と「怪異」

繰り返し述べているように、江戸幕府は「怪異」に基づく危機管理のシステムを放棄し、むしろ「怪異」を法度《はっと》によって規制することでそれをコントロールしようとした。そのいっぽうで、朝廷が「怪異」に対処することは黙認していたのだが、朝廷における「怪異」にも、時代の流れによる変化は否応なくもたらされたのである。

京の公家、柳原紀光《やなぎわらもとみつ》が、寛政五年から九年（一七九三～九七年）の間に書いたとされる随筆『閑窓自語《かんそうじご》』、そしてほぼ同じ時期に紀光が私的に編纂した史書『続史愚抄《ぞくしぐしょう》』には、多くの「怪異」が記されている。例えば『閑窓自語』上巻七十九「中山前故大納言栄親卿石薬師第怪異事」。

延享二年、中山前故大納言栄親卿いしやくしの家にて、人の恠異《けい》とて、朝よりゆふへまて調度の類うこき、また陶器なとは、をのつから飛てわれぬ。夜にいれは、あやしき事さらになし。加持祈禱なとさせけれとも、さらにしるしなし。その秋、栄親卿の室、俄にうせられぬ。そのさとしへにやと、人いひあへり。

ここでは「人の恠異」と呼ばれているが、家具調度類がひとりでに動き出す、いわゆるポルターガイスト現象である。それ自体、十分に怪しい出来事であるが、さらにこれは先の大納言、中山栄親《なかやまひでちか》卿の正室の死の予兆（さとしへ）だったとされている。

同じく中巻七十三「白烏見語」。

宝暦十三年即位の日、南殿のうへにしろきからすゐけるを、後日京極の宮の家司正六位下平儀重たしかに見しよし、み厨所あつかり正五位下紀宗直瑞たるよし、権大納言兼胤卿をもて摂政内前公に申入しかは、ともに賞を行なはれ十二月十九日をの〳〵一級をたふ。また天明六年の冬にや、白烏を山しなの辺にてえたるよし妙法院真仁親王公家にたてまつらる。すなはちもとゐしあたりにはなたれし。かたくこの鳥をとる事を禁し仰られし也。予もこの鳥を見侍しに、つはさうすあかく、からすのかたちもあらす。鳶に類す。白烏とはいひかたし。異鳥のよしかたふく人も多かりぬ。八年の大火の前地にやと、のちに世の人いひあへり。

ここでは白い烏にまつわる二つのエピソードが記されている。まず宝暦《ほうれき》十三年（一七六三）の後桜町《ごさくらまち》天皇の即位の日、紫宸殿《ししんでん》の上にあらわれた白烏は瑞兆《ずいちょう》とされ、それを発見した平儀重と、瑞兆であると告げた紀宗直はともに賞を賜ったという。いっぽう、天明六年（一七八六）に山科《やましな》で捕らえられた白烏は、同八年に起こった京都大火の前兆とされた。同じ白烏が一方では瑞兆とされ、他方では凶兆とされているが、後者については紀光も実見した上で「白烏とはいひかたし」、つまり瑞兆である白烏ではなく別の鳥であると述べている。すなわち「怪異」としての鳥――「怪鳥《けちょう》」ということになるだろう。

また、『続史愚抄』明和六年（一七六九）四月二十九日の条には、昼間に「光恠」、すなわち「光物《ひかりもの》」が堺町第にあらわれたのを右大臣鷹司輔平《たかつかさすけひら》が目撃したことが記されている。この日にはその正室が亡くなっており、「光恠」はその「魂魄《こんぱく》」、すなわち「人魂《ひとだま》」だと噂されたという。

「ちかころ怪異を
申しあくること、
時義にかなはす」

このように、京の公家たちのあいだでは、凶兆としての意味を持った「怪異」が十八世紀後半においても多く見られたのである。とりわけ「怪鳥」や「人魂」「光物」など、まるで中世そのままの「怪異」が見られるのは実に興味深い。

だが、やはり何も変わらなかったわけではないようだ。『閑窓自語』上巻八十九「左大臣輝良公大風日拝賀事〔附春日社頭大風間事〕」によれば、寛政三年（一七九一）八月二十日は新たに関白《かんぱく》に就任した左大臣一条輝良《いちじょうてるよし》が光格《こうかく》天皇への拝賀をおこなう日であったが、強風により民家や大木が数多く倒壊し、大和《やまと》の春日大社《かすがたいしゃ》の神木も五千本余りが倒れた。「長者の拝賀の日にあたりて、かゝる怪異ある事、祈謝答文の沙汰にも及へき」であったが、「何の沙汰もなく、また公家よりも仰せられすとなむ」、つまり「怪異」として対処されることはなかったというのである。

先に紹介した『甲子夜話《かっしやわ》』の家康にまつわるエピソードからもうかがえるように、春日大社の神木が倒れることは十分に「怪異」としての意味を持っていた。春日大社は藤原氏の氏神であり、藤原北家《ほっけ》嫡流九条《くじょう》家の庶流にあたる一条家の輝良にとって、その神木が倒れることは不吉以外の何物でもなかっただろう。だが、鳥居の笠木が倒れたことについて社家から上申があった程度で、「怪異」として取り上げられることはなかった。紀光はこの記事の註で「ちかころ怪異を申しあくること、時義にかなはす」と記している。

続く上巻九十「春日五箇屋災事〔附安居屋及興福寺塔等災事〕」では、同じ年の十月に春日大社の五箇の屋が、翌寛政四年三月二十九日に安居屋が火災で焼失するなど奈良で「変異」が続いたが、祈禱などは行われなかった。「これは当社のみのことにあらす。近比は神社仏閣の崇敬大ひにうすくなれり」と紀光は嘆いている。

間瀬久美子は、寛延《かんえん》四年（一七五一）に京の賀茂別雷《かもわけいかづち》神社（上賀茂社《かみがもしゃ》）で起こった「釜鳴《かまなり》」と「山鳴動《やまめいどう》」の「怪異」に対し祈禱がおこなわれたが、最終的には「怪異」は祈禱の名目とはされず、あくまで国家安全・万民無難を祈るものとして位置づけられたという事実を取り上げ、近世において「怪異」が記録から姿を消していく背景として、神威の後退と自然現象に対する合理的解釈が社会に浸透していったことを指摘している〔間瀬二〇一八〕。例えば「釜鳴」は、勢いよく湯気が吹き上がったためと解釈され、「山鳴動」については当時頻発していた地震によるものと判断されている。

『閑窓自語』が記す春日大社の「怪異」については、こうした神威の後退・合理的解釈の浸透に加えて、あまり「怪異」を大っぴらに取り上げたくないという朝廷の意向が影響しているように思われる。黙認されていたとは言え、やはり幕府が公的には認めていない「怪異」を大げさに主張することに対して、一種の忖度《そんたく》が働いたのである。『閑窓自語』が記すさまざまな「怪異」は、その多くが個人や家レベルの凶兆であり、大きな寺社で起こる異変、すなわちかつての「怪異」は、むしろ「怪異」とは見なされない傾向にあった。「怪異」はもはや秘かに囁かれ、内々で処理されるだけのものになっていたのである。

陰陽師土御門晴親と「怪異」

こうした変化は、陰陽師《おんみようじ》が対処する「怪異」にもあらわれていた。やや時代は下るが、十九世紀前半に陰陽頭《おんようのかみ》であった土御門晴親《つちみかどはれちか》の日記『晴親卿記《はれちかきようき》』の文化十一年（一八一四）十二月十日の条によると、三条木屋町の津国屋という借座敷に滞在していた讃岐《さぬき》金毘羅《こんぴら》山の普門院《ふもんいん》という僧が、十一月十三日の夜から寝所の布団の上を「猫程とおほしきもの」が歩くような感覚がありながらその形は見えず、あるいは小さい鼠《ねずみ》のようなものに化して懐中に入ったように思っても、やはりその形は見えなかった、ということが毎夜続いたという。この「怪異」に対して、「碍あるや否」を占ってほしいと晴親のもとに依頼があった。そこで晴親が筮竹《ぜいちく》を用いて占った結果は「解之訟」。「問題解決の兆しがあり、南西の方角が吉である」という卦《け》だった。これに基づいて晴親は、「妖怪の塑」ではなく旅の心労によるものなので、一刻も早く西南の方角にいる医者を頼って保養することを勧めている。

これは「怪異」と言いながら、もはや古代・中世的な「怪異」ではなく、近世的な「妖怪」に相当する事例であろう。晴親はこのほかにも、狐憑《きつねつ》きや狸憑《たぬきつ》きなどの祈禱もおこなっている。『晴親卿記』文政八年（一八二五）正月の条では、津国屋理兵衛《つのくにやりへえ》という町人に取り憑いた狸を祈禱によって落としている。晴親は公家や武家ばかりではなく、町人や農民の依頼にも応じていた。これには晴親自身のパーソナリティも大きかったであろうが、梅田千尋は、その背景に近世の陰陽道組織の地域的拡大を見ている〔梅田　二〇一五〕。

土御門家は朝廷内で易占《えきせん》や陰陽道儀礼の執行にかかわるばかりではなく、竈祓《かまどはら》いや占いをおこなう民間宗教者たちを統率する陰陽道本所としての役割を担っていた。さらに寛政三年（一七九一）には、増大する都市下層の民間宗教者の管理強化を目的として、陰陽師の組織加入が義務化された。こうした陰陽道組織の拡大によって土御門家の知名度が上昇し、また庶民から陰陽道本所への照会が可能になったという。庶民にとってみれば、伝説の陰陽師である安倍晴明《あべのせいめい》の子孫という土御門家は、まさに「妖怪退治の専門家」のように思えたのではないか。もっとも安倍晴明をはじめとして、平安時代の陰陽師はあくまで占いが本分であり、説話のなかですら妖怪退治などはしていないのだが〔鈴木　二〇〇二〕、江戸時代には現代のエンターテインメント作品につながる陰陽師のイメージがすでに成立していたようだ。

いずれにしても、こうした庶民とのつながりによって、「怪異」の観念も変容を余儀なくされたと考えられる。そこには近世的な「妖怪」のイメージが大きな影響を与えていた。また梅田も指摘しているように、近世後期において陰陽師が対処する「怪異」は、すでに個人や家・村単位の問題としてあらわれるようになっていた。

加えて、陰陽師の判断にも合理的思考が強く見られるようになっていた。例えば先に挙げた文化十一年の事例では、最終的に晴親は「妖怪」ではなく「旅の心労によるもの」という解釈を下しており、さらに医師による治療を勧めている。また遠藤克己は、晴親の代になると、西洋天文学などからの影響もあり、天文占が怪異占の範疇《はんちゅう》から脱して合理的なものになっていったことを指摘している〔遠藤　一九八五〕。例えばこれまで多く凶兆とされてきた彗星《すいせい》については、気候不順のために上昇した気が凝結してあらわれたもの、いわば一種の自然現象なので凶兆にはあたらないとする判断が下されるようになった。

このように、「怪異」を職掌に含んでいた陰陽師の「怪異」観ですら、江戸時代後期には変質を余儀なくされていたのである。紀光ら京の公家たちの「怪異」が、古代・中世と同じものであろうはずがなかった。

名づけられる「怪異」

近世的な「妖怪」イメージの影響は、紀光らが見聞した「怪異」にも見られるようになっていた。例えば『閑窓自語』上巻三十一「怪鳥啼宮中事」。

安永三年卯月なかは、かり、また宵のことなりしに、夜の御殿のうへに、牛車をひく音していとおとろおとろしく。後桃園のみかときこしめし、あやしみおとろかせ給ふ。女房殿上人なとも、あともわきまへす。いかなる故ならんと恐れあひぬ。御めのとのこゝろきゝたるか、御庭にいてゝ、御殿のうへを見やりたるに、鳩ほとの鳥、夜のおとゝの棟かはらのうへにゐたり。月のころなれはよく見ゆ。毛の色はわかすとそ。しはし見ゐたるに、南をさしてとひけれは、あやしきひゝきたちまちにやみけるにそ。かの鳥の声とはしられけりとなむ。後日御前にまいりけるに、くはしく勅語あり。程へて或人かたりしは、東山若王寺の深林に、うめきとりとなつけて、たまく〳〵なく事ありとそ。いつれあやしき事なれは、内々上臈局忠子朝臣姉ぎみをもて、内々御祈あるへきよし申し入れしかは、うちをかれす、御沙汰ありしなり。

牛車を引くようなおどろおどろしい声で鳴く鳥。まさに「怪鳥」であるが、注目すべきは、これに「うめき鳥」という名前が与えられている点である。

実は「うめき鳥」があらわれたのは、この時がはじめてではなかった。三都の巷説を記した『月堂見聞集《げつどうけんもんしゅう》』には、享保十一年（一七二六）のこととして次の記事が見える。

○此頃岡崎辺聖護院森之際に怪鳥出づ、其声人之うめくに似たり、依てうめき鳥と云、其形を見とて、所の者森林をかれども見えず、只声のみ計なり、所の古老曰、此鳥三百年以前此辺に鳴よし申伝候、一説に、形鷺の如にて青色、声如早鐘、

安永三年（一七七四）から五十年ほど前には、すでにこの「怪鳥」は「うめき鳥」と呼ばれていたのである。「所の古老」によれば、そのさらに三百年前にもこの鳥が鳴くことがあったというが、それは『看聞日記《かんもんにっき》』の応永二十三年（一四一六）四月二十五日の条に記された、北野社で「大竹ヲヒシクカ如」き声で鳴いた、頭は猫、身は鶏、尾は蛇のごとしというあの「恠鳥」のことだろうか。中世の「怪鳥」には名前がなかったが、江戸時代には実に「妖怪」らしい名前がつけられるようになっていた。

また『閑窓自語』上巻七十七「日野一位資枝卿家怪異語〔土御門里内唐門西方第〕」。


日野一位資枝卿わかゝりしころ、家の子うちよせて、夜ふくるまで酒のみ物がたりしけるに、屏風のうしろにはかにあかく、しそくして人のあゆみするけはひなりければ、

屛風のそはより見やりたるに、火焔のうちに、あかき法師のたちていたりける。人のあなやといひけるうちに、跡かたなくうせにけり。あか坊主とてかの家に吉事ある時は、いつるこれならんと、一位のかたられ侍りしなり。吉事のことは心ゆかす。

こちらは「赤坊主」という、さらにわかりやすく「妖怪」らしい名前がついている。注目したいのは、「怪異」と言いながら、凶兆ではなくむしろ吉兆とされている点だ。

杉岳志は、かつては凶兆とされてきた彗星が、十八世紀の中期に至って「稲星《いなぼし》」と呼ばれ、豊作の瑞兆とされるようになったことを明らかにしたが〔杉　二〇〇五〕、これは戦乱のない平和な期間が長く続いた江戸時代だったからこそ見られた現象であった。だとすれば、「怪異」たるべき妖怪が吉兆とされるようになったのも、また江戸時代ならではのことであったと言えるだろう。

さらに紀光は、その私選史書『続史愚抄』のなかで、しばしば「怪異」に名前を与えている。

「怪異」を名づける

寛延三年（一七五〇）八月二十五日の夕方、北野下社を参詣していた男女が手足などに理由もなく小さな切り傷を負うという怪事が発生した。これは盗賊のしわざともされたが詳しいことはわからないままであった。紀光はこれに対し「他国に於いては鎌鼬《かまいたち》と号し、斯くの如く云う」と記している。越後七不思議の一つとされた「鎌鼬」の名は、すでに京の公家も知るところとなっていたのである。『閑窓自語』には、ほかにも近江・肥前の「水虎（かはらう）」、和泉の「海坊主」などの地方の妖怪の名前と伝承が紹介されており、それらの話が公家社会にも伝わっていたことがうかがえる。

「鎌鼬」に関しては、『甲子夜話』に面白いエピソードが紹介されている。江戸で名の知られた狂歌師《きょうかし》が、自分の編んだ狂歌集を歌道の大家である京の冷泉家《れいぜい》に送りつけ、点を乞うた。しかし送り返された歌集には一首も点がついておらず、その代わり巻末に冷泉殿の筆跡で「敷嶋《しきしま》の道を横ぎるかま鼬　てんになるべき言の葉もなし」の歌が記されていた。狂歌師はさすが歌道の御家、と恥じ入ったという。

「敷島の道」とは歌道のこと。狂歌師はその道を横切る「鎌鼬」でしかなく（「鼬の道切り」＝鼬が道を横切ることは不吉とされたことと、鎌鼬が「切る」に掛ける）、鼬は「てん」（「点」と「貂」を掛ける）にはならぬと、狂歌師も真っ青の見事な狂歌で返したのである。これが実際にあったことなのかどうかは確かめようがないが、江戸で狂歌がもてはやされたのは天明年間（一七八一～八九）、紀光が『続史愚抄』を編んだのがそのすぐ後の寛政年間（一七八九～一八〇一）である。天明の狂歌ブームで調子に乗った狂歌師が、歌道の家である冷泉家から「鎌鼬」の歌でたしなめられたというのは、時期的には十分に考えられることである。

また、『続史愚抄』安永八年（一七七九）二月十九日の昼、三尺ばかりの布のようなものが、十五、六片ほども連なって空を飛び、賀茂別雷神社の辺りに下りてきた。多くの人が集まってそれを見たが、それらは再び山の方に飛んでいったという。まるで『ゲゲゲの鬼太郎』の一反木綿《いったんもめん》のような「怪異」だが、紀光は「按ずるに白眚《はくせい》か」と記している。「黒眚《こくせい》」ならば妖怪の名である。もともとは中国の妖怪で、黒気をまとい、風のように素早く、爪や牙で人の体を傷つけるとされた怪物である〔澤田　一九八八〕。これが貝原益《かいばらえき》軒《けん》により、周防《すおう》や筑紫《つくし》に伝承される牛馬を殺す妖獣「シイ」と同定され、知識人のあいだでは「黒眚」は日本にも棲息《せいそく》していると考えられるようになった〔小馬　二〇二二〕。「眚」という漢字には「災い」という意味があり、また「妖祥《ようしょう》」、すなわち怪しい徴《しるし》、凶兆としての意味がある。「白眚」とは、白色の「怪異」の意で用いられたものと推測されるが、そこには「黒眚」のように、何らかの実体を伴った存在が想定されていたようにも思われる。

江戸時代において、妖怪たちは「怪異」すなわち凶兆としての意味合いを失うことで、ただ見えるもの、ただ聞こえるもの、ただ存在するものへと変貌し、その結果人間の「知」の対象となって名づけがおこなわれるようになっていったのだが、そうして名前を持った妖怪たちが爆発的に増えていったことで、凶兆である「怪異」にも名前がつけられるようになったのである。

時鳥の「怪異」

ところで柳原紀光は、自身の命運の重大な転機において「怪異」を体験している。『閑窓自語』中巻二十八「於厠聞郭公語」によれば、寛政七年（一七九五）および八年の二度、紀光は厠《かわや》で時鳥《ほととぎす》の鳴き声を聞いている。実は厠にいる時に時鳥の鳴き声を聞くのは不吉とされていた。諸国陰陽師支配の権限を確立した土御門泰福《やすとみ》の跡を継いで陰陽頭となった土御門泰連《やすつら》の娘で桃園《ももぞの》天皇の大乳人《おおちひと》を務めた安倍連子《つらこ》も厠で時鳥の声を聞き、そのまま厠のなかで衣服を脱ぎ捨てて外に出たという。これは父泰連卿に教わった除厄の法だったらしいが、その年に連子は罪を得て、蟄居《ちっきょ》を命じられることになったのである。

そして紀光もまた、寛政八年秋に勅勘《ちょっかん》によって蟄居を命じられる。詳細は不明だが、どうやらその背景には寛政四年に起こった「尊号《そんごう》事件」が関係していたようである。これは、光格天皇が実父である閑院宮典仁《かんいんのみやすけひと》親王に太上《だいじょう》天皇の尊号を贈ろうとしたことに対し、幕府が力づくで阻止したというものである。朝廷が尊号宣下《せんげ》の実現に踏み切ったのは、寛政三年に関白が老中松平定信《ろうじゅうまつだいらさだのぶ》とも親しく、幕府の意向に理解を示していた鷹司輔平（「人魂」を目撃したあの人物である）から、一条輝良（就任の拝賀の日に暴風が吹き荒れたあの人物である）に代わったことがきっかけだった。

「尊号事件」で幕府が強硬的な措置を取ったことの遠因は、天明八年（一七八八）の京都大火にあった。大火で焼失した御所の再建に際し、朝廷は平安内裏の古制にのっとった復古的な造営を幕府に要求した。幕府は関白の鷹司輔平を通じて説得したが功を奏さず、やむなく朝廷の要求を呑むことになった。しかし、これにより幕府の朝廷に対する警戒心が強まり、その後の新規の要求に対しては拒否するよう京都所司代《きょうとしょしだい》に命じたのである。「尊号事件」はその延長上にある出来事であった〔藤田　一九九一〕。あの「白鳥」は、あるいはこれらの凶兆でもあったか。

寛政四年十一月末、九人の公卿《くぎょう》が日ごろの不行跡などを理由に吟味を受けたが、その中に柳原紀光の名前もあった。偽名で質屋を営み、不当に利益を得ていたためとも言われているが、実のところは不明である。だが、時期的には「尊号事件」で朝幕関係が緊張していたころであり、それと無関係ではないように思われる。松平定信の側近、水野為長《みずのためなが》が隠密《おんみつ》を用いて収集した世間の風聞について記した『よしの冊子《ぞうし》』によれば、内裏造営に関して煮え湯を飲まされた定信が、その意趣返しとして隠密を使って公家衆の不行跡の事実をほじくり出した、というのが当時のもっぱらの噂であった。あくまで風聞なので、やはり事実はわからないとしか言いようがないが、寛政八年に紀光が蟄居を命じられたのは、この不行跡に対する処罰であったことは確かである〔田中　二〇一三〕。

がんばり入道

もっとも紀光自身は、勅勘は「心におほえぬ事」「おもひかけぬ事」と述べており、厠で時鳥の声を聞いたことが「これらのわさはひのあらんさとしへか恐るへき事也」と記している。土御門家の除災のまじないも効果はなかったようだが、実は時鳥の「怪異」を避ける妖怪の名前があることを、紀光は知らなかったようだ。

文政十三年（一八三〇）に刊行された喜多村筠庭《きたむらいんてい》の『嬉遊笑覧《きゆうしょうらん》』には、「小児の諺《ことわざ》に、除夜に厠にてがつはり入道ほとゝぎすといへるも、厠にほとゝぎすを聞を忌ることよりいひ出しとみゆ」とある。この「がつはり入道」とは「がんばり入道」が訛《なま》ったものらしく、「がんばりは眼張《ガンバリ》にて、をそろしげなるものを云ひて、ほとゝぎすを怖《オド》す意なるべし」というう。

図20　加牟波理入道（『今昔画図続百鬼』）

「がんばり入道」は、鳥山石燕《とりやませきえん》の『今昔画図続百鬼《こんじゃくがずしょくひゃっき》』にも描かれる妖怪である（図20）。絵に書き込まれた詞書に「大晦日の夜、厠にゆきてがんばり入道郭公《ほと、きす》と唱ふれば、妖怪を見ざるよし、世俗のしる所也」と記されているように、このまじないは江戸庶民にはよく知られていたようだが、紀光ら京の公家のあいだには浸透していなかったようだ。

紀光は、厠で時鳥の声を聞くのは不吉ということは「賀茂在盛卿のえらひし吉日考秘伝といふ書にのせしの外は見侍らす」としている。『吉日考秘伝《きちにちこうひでん》』は、長禄《ちょうろく》二年（一四五八）に陰陽頭勘解由小路《かでのこうじ》（賀茂）在盛《あきもり》が室町幕府第八代将軍足利義政《あしかがよしまさ》の命により選した、日の吉凶に関する陰陽道書の一つである。紀光はあくまで書籍に基づいて「怪異」に対処しようとしたようだが、もし紀光が「がんばり入道」なる妖怪の名前を知っていたら、事態は変わっていたのだろうか。『閑窓自語』は、さまざまな妖怪の名前が京の公家社会にも伝わっていたことを教えているが、皮肉にも紀光自身の運命を左右した時鳥の「怪異」にかかわる妖怪の名前だけは、伝わっていなかったのである。

予言獣――みずから名乗る「怪異」

神社姫

十九世紀になると、ついに「怪異」はみずから名前を名乗るようになる。加藤曳尾庵《えいびあん》の随筆『我衣《わがころも》』巻十四には、文政二年（一八一九）の出来事として、次のような記事が記されている。

いつもあるかく〳〵の事なれども、異形の魚の出たりしを板行にして売あるく。其前に往々紙に写して人にもてはやしけり。是は当五月の末より江戸中痢病《りびょう》大に流行して貴賎となく斃《たお》るゝ者夥し。（中略）扨《さて》前の異形の魚を絵に見ても此煩ひを受る事なしとて、例の愚俗の習しなれば、其形を家々に写したる事にぞ有ける。

其詞に曰《いわく》

当四月十八日九州肥前国去る浜辺へ上りしを、猟師八兵衛と云もの見付たり。其時此魚の曰、我は龍宮よりの御使者神社姫といふ物也。当年より七ケ年豊年也。此節又コロリといふ病流行す。我姿を画に写して見せしむべし。其病をまぬかれ長寿ならしむると云々。
海神のせわやき給ふか、いか成事にや。丈二丈余、はら赤き事べにの如しとぞ。

図21　神社姫（『我衣』国立国会図書館蔵）

文中に見られるように、文政二年には江戸で「痢病」が流行していたが、これはまた「コロリ」とも呼ばれていた。のちにコレラを指す言葉となるが、もともとは発病するとすぐに「コロリ」と死んでしまう病気のことで、コレラと語感が似ているのは偶然にすぎない。そもそも、日本ではじめてコレラが流行するのは三年後の文政五年のことなのである。文政二年の「コロリ」はコレラではなく、赤痢《せきり》であったとされている。

この「コロリ」除けの呪符として「異形の

魚」を描いた絵（図21）が板行され売り歩かれたというのだが、絵の詞書によれば、それはみずから「我は龍宮よりの御使者神社姫といふ物也」と名乗ったという。そして七年のあいだの豊作と、同時に疫病の流行を予言したとされ、疫病を避けるためには「我姿を画に写して見せしむべし」と告げたというのである。

予言獣

この「神社姫」以降、同様の流言は一定程度の期間を置いて繰り返されるようになる。文政十年から十一年（一八二七〜二八）にかけては、「クダべ」（図22）などと称する人面の獣が、越中国立山《えつちゆうのくにたてやま》の山中にあらわれ、疫病の流行と、みずからの絵姿による除災について教えたという。大郷信斎《おおごうしんさい》の『道聴塗説《どうちょうとせつ》』によれば、この怪物は「我ハ年久しく此山に住めるクダべといふ者なり」と、やはりみずから名乗っている。これらの流言はその図像とセットになって流行しており、「神社姫」にしても「クダべ」にしても、多くの絵が遺されている。

天保十四年（一八四三）から数年にかけては、「アマビコ」（図23）という怪物の流言が広範に流布した。「アマビコ」は三本足の猿の姿で、肥後国《ひごのくに》に出現したとされることが多い。「我ハ海中に住あま彦と申者也」（小寺玉晁《こでらぎょくちょう》『連城亭随筆《れんじょうていずいひつ》』）と名乗り、六年のあいだの豊作と疫病の流行を予言し、やはりみずからの絵姿による除災の方法を告げて消え去ったという。

　この「アマビコ」に関しても多くの絵が遺されているが、なかには名前も姿も写しそこなったヘタクソな写しも生まれた。その名も「アマビエ」(図24)。「コロリ」ならぬ「コロナ」除けのアイコンとして、令和二年(二〇二〇)ににわかにSNSなどでバズったあの妖怪だ。だがこれは、名前も間違えているし、姿も三本足ではあるが「猿」には見えない。「アマビコ」の出来の悪いコピーの一つでしかないのである。

　こうした妖怪を、湯本豪一は「予言獣」の名でカテゴライズしている(湯本　二〇〇二)。

図22　くたへ(『道聴塗説』国立国会図書館蔵)

図23　あま彦(『連城亭随筆』国立国会図書館蔵)

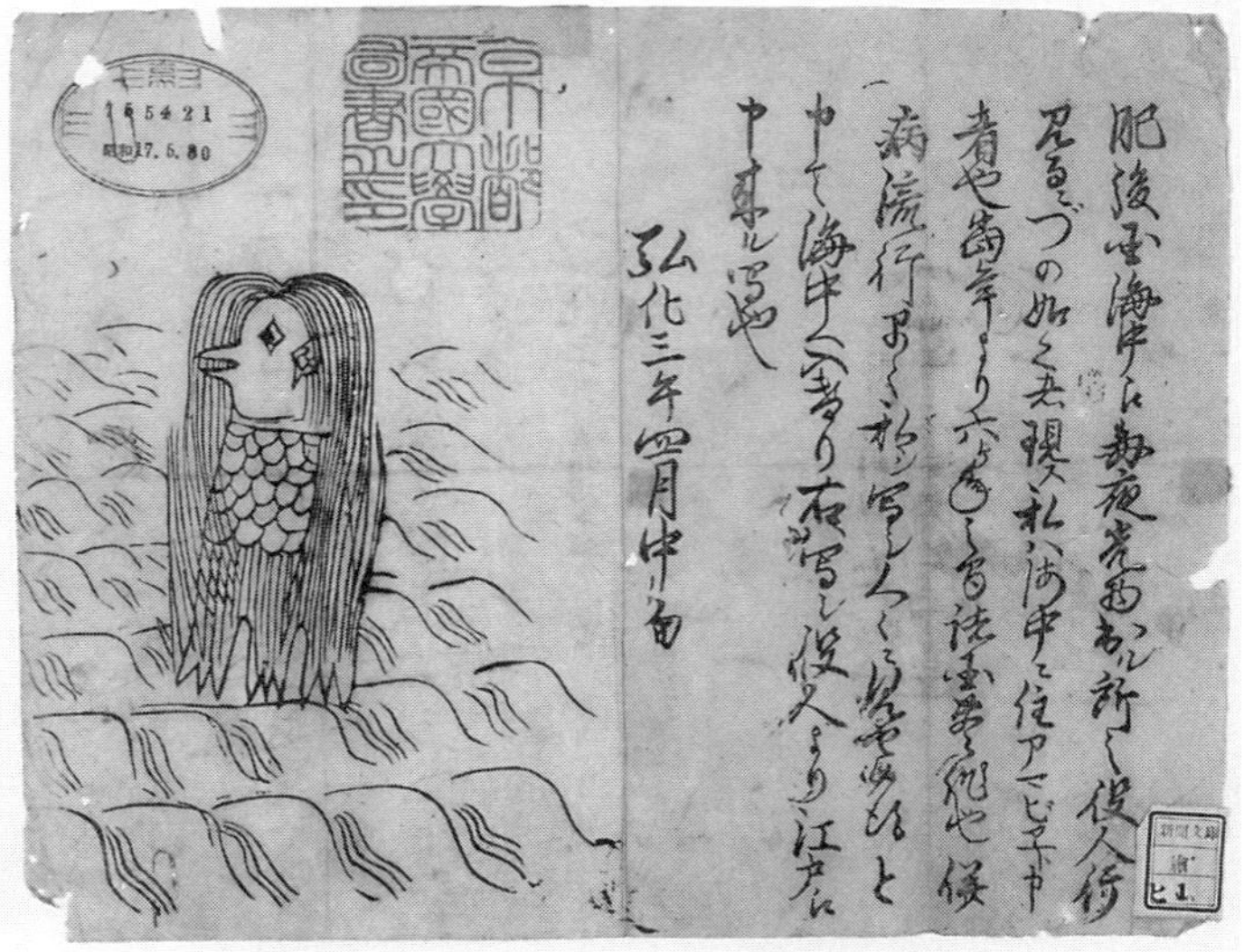

図24　「肥後国海中の怪（アマビエの図）」（京都大学附属図書館蔵）

私は十九世紀になってあらわれたこれら「予言獣」が、江戸時代における「怪異」の最終形態であると考えている。かつて、「怪異」は些細《ささい》な異常事態としてあらわれ、それが未来におけるどのような災厄の到来を警告しているかを解釈するシステムが政権の内部に整えられていた。ところが、江戸幕府はその解釈のシステムを放棄してしまったため、古代・中世のような「怪異」は、いわば空中に放たれたメッセージのように、意味をなさないものになってしまった。その結果、ついに「怪異」は解釈を要しない、みずから人の言葉で未来を伝える「モノ」へと変貌したのである。それが「予言獣」であった。

「予言獣」は、名前も姿かたちも備えた典型的な江戸時代の「妖怪」としての性質を備えつつ、また未来の災厄を警告する「怪異」そのものでもあった。十九世紀において「怪異」は、まさに「妖怪」として復活を遂げたのである。

忘れられたデータベース——エピローグ

江戸時代に、妖怪の名称が爆発的に増加した「妖怪のカンブリア爆発」——江戸の「妖怪爆発」とも言うべき現象について、その歴史的な背景に関する仮説を提示してきた。

怪異観の変容と妖怪の名づけ

古代・中世においては、妖怪——怪異のエージェント（主体）は、いくつかの限られた存在が想定されるにとどまっていた。はじめはおしなべて「神」と呼ばれていたが、やがてほぼ等価な意味合いを持つものとして「鬼」が加わり、さらに十世紀以降の神祇秩序の再編成、そして神仏習合《しんぶつしゅうごう》の思想の展開により「神」の負の側面が分離して「鬼」に引き継がれていった。また、人の「霊」や狐《きつね》・野猪《くさいなぎ》・狸《たぬき》などの動物、そして「天狗《てんぐ》」が怪異のエージェントに加わっていくが、さまざまな形で現れる怪異は、これら限定された怪異のエージェントのいずれかに還元され、個別の怪異に固有の怪異の主体が想定され、名づけがおこなわれることはほとんどなかった。古代・中世の人びとにとって、怪異は解決すべき問題にほかならなかったからである。問題の解決にあたって、「解」は少ない方がよい。対処の方針が明確に絞られるからである。また、中世においては、妖怪の出現はしばしば「怪異」、すなわち何らかの災厄の予兆と解された。妖怪は、それ自体の恐ろしさだけでなく、それが指し示す未来の凶事によっても人びとを恐れさせていたのである。

こうした状況に大きな変化が訪れたのが江戸時代であった。まず、そこに決定的な要因として働いたのが、江戸時代における「怪異」観の変容であった。江戸幕府は、十世紀以降続いていた「怪異」に基づく国家の危機管理のシステムを放棄し、むしろ法度《はっと》によって「怪異」を規制する政策を取った。これにより、社会から怪異を凶兆ととらえる感性が急速に失われ、それらはただ不思議なだけの、無害なものへと変わっていった。これを「怪異の日常化」と呼んでみたい。

日常化し無害化した怪異は、平和で安定した社会において、知と好奇の対象へと変わっていった。そこでおこなわれたのが「名づけ」である。それは問題の解決のためではなく、知と好奇の対象として扱うことを可能にするための手続きだった。こうしてさまざまな怪異に個別の名前が与えられていったが、この妖怪の名前の収集（および創作）に大きな役割を果たしたのが、江戸時代前期に文芸として大成した俳諧《はいかい》であった。

俳諧と妖怪名称

初期俳諧では、伝統的な和歌では用いられることのない言葉を「俳《はい》言《ごん》」と呼び、俳諧を俳諧たらしめるものとして重視したが、妖怪の名前は「俳言」にふさわしいものとして俳人たちの関心を集めた。俳人たちは妖怪の伝承を収集し、俳人たちによって構築された「俳諧ネットワーク」のなかで共有した。それらを元に俳人たちは句作をおこない、また怪談集・奇談集などに妖怪譚《たん》を集成して紹介することもあった。江戸時代前期、十七世紀においてはこの「俳諧ネットワーク」が、あたかもクラウド上のデータベースのような形で、妖怪の名前を集積し、共有するメディアとしての役割を果たしていたと言っていいだろう。

だが、十七世紀の「俳諧ネットワーク」は、京・大坂を中心としたものであったために、おのずと妖怪の名前や伝承も上方《かみがた》周辺のものに大きく偏っていた。これに対し、十八世紀になると、幕府による学問奨励を背景として、諸国の中小都市に儒学や俳諧・和歌などの素養を身につけた地方文人が簇生《そうせい》し、今まで知られることのなかった各地の伝承や奇談が収集・記録されるようになった。これにより、妖怪名称は爆発的に増加することになったのである。

そうした地方文人による奇談収集において、推進剤として大きな役割を果たしていたのもまた俳諧だった。十八世紀後半に、松尾芭蕉《まつおばしょう》の俳風（蕉風俳諧《しょうふう》）への回帰をうたった蕉風復興運動がおこるが、そのなかで「旅する俳人」としての芭蕉をロールモデルとし、みずからもさまざまな土地におもむいて発句《ほっく》を詠む俳人たちが多くあらわれた。彼らは句に言外の「余情」をもたらすものとして、場所にまつわる記憶——すなわち民間伝承のたぐいに大きな関心を寄せ、その収集をおこなった。その結果、多くの妖怪名称もまた発掘されることになったのである。

いっぽう、都市の俳人たちはそうした地方の伝承を、博物学にも近いやり方で地誌や奇談集に集成していった。それは、この世のありとあらゆる物事を「俳言」として扱う俳諧が、必然的に「言葉の博物学」としての性格を帯びていたことと深く関連している。こうして編まれた地誌・奇談集などに基づいて「妖怪図鑑」も作られたが、そこには俳諧的な言葉遊びによって創作された妖怪も数多く含まれていた。俳諧は妖怪の創造にも深くかかわっていたのである。

手斧梵論

こうした俳諧と妖怪との関係は、現在ではすっかり忘れ去られている。しかし俳諧のネットワークは確かに、江戸時代の妖怪伝承のデータベースの一つとして機能していたのである。最後に、一つの忘れられた妖怪名称をめぐって、そのことについて考えてみることにしよう。

『諸国里人談《しょこくりじんだん》』の続編として延享《えんきょう》四年（一七四七）に刊行された菊岡沾凉《きくおかせんりょう》の『本朝俗《ほんちょうぞく》諺志《げんし》』には、「手斧梵論《ちょうのぼろ》」という妖怪の話が紹介されている。

> 上総国鳴戸村願性寺禅宗此寺に毎夜てうのぼろと云もの出る。大さかたちともに大工道具の手斧《てうの》の柄《ゑ》にちかハさるもの、鳥むしなとの飛ことくふらり〳〵と飛めぐり、人の目のうへ鼻《はな》の先をしづかに行かふ也。手ちかく来るを取らんとするに、ひらりと横へきれ、うへにあがり中〳〵とる事あたハす。たゝかけろふに似たり。むかしよりありて、何ゆへといふをしらす。少も仇をなす事なし。雨夜ハわけてはやく出ル也。此地へ始ての旅人、寺のてうのほろ見んとて夜はなしなとに行。
> ほろと云ハかけろふなとの類ひ、こゝにあると見れは忽空中にわしる。普化和尚なとの類ひミな梵論也。

手斧《ちょうの》（「ちょうな」とも）とは、湾曲した木の柄の先端に鉄製の刃がついたもので、木材

図25　手斧梵論（『本朝俗諺志』国立公文書館蔵）

の表面を削るのに用いる大工道具である。そして「梵論《ぼろ》」とは普通は梵論字《ぼろんじ》、俗に「虚無《こむ》僧《そう》」と呼ばれる普化《ふけ》宗の僧侶を指す言葉だが、ここでは蜉蝣《かげろう》の意だという。つまり、蜉蝣のように宙を浮遊する手斧の化け物が「手斧梵論」である（図25）。

この「手斧梵論」、妖怪としてはかなりマイナーな部類であろう。はじめて聞いたという読者も多いのではないか。確かに、管見の限りでは妖怪図鑑の類にも取り上げられたことはなく、かの水木しげる先生も描いてはいないようだ。

ところが、である。この「手斧梵論」、江戸時代には川柳《せんりゅう》の世界においてはよく知られた妖怪だったようだ。

手斧梵論と川柳

川柳は「雑俳《ざっぱい》」とも呼ばれるものの一種で、もともとは俳諧の「前句《まえく》付《づけ》」からおこったものである。「前句付」とは、あらかじめ提示された七七の句（前句）に対して五七五の付句《つけく》を付けるというもので、例えば「切りたくもあり切りたくもなし」の前句に対し「盗人をとらえてみれば我が子なり」（山崎宗鑑《やまさきそうかん》『新撰犬《しんせんいぬ》筑波集《つくばしゅう》』）と付ける類のものである。本来は俳諧初心者の練習としておこなわれたものであったが、元禄期を境に得点を競う遊戯的なものへと転化していった。

明和二年（一七六五）に刊行された『誹風柳多留《はいふうやなぎだる》』は、柄井川柳《からいせんりゅう》という雑俳点者が点をつけた前句付の入選句のなかから、特に面白い句を呉陵軒可有《ごりょうけんあるべし》が厳選して収録したものである。その際、前句は省略されて付句だけが収録されたが、これが評判になったことで、川柳は前句の出題をやめ、初めから独立して詠まれた句を募るようになる。そして点者だった川柳の名を取って、滑稽を旨とする五七五の狂句《きょうく》は「川柳」と呼ばれるようになるのである（岩田　一九九三、吉田　二〇一七）。

明和五年に刊行された『誹諧觿《はいかいけい》』は、『誹風柳多留』の版元、花屋久次郎（星運堂）が、好評だった『柳多留』の二匹目のドジョウを狙って企画した高点付句集である。江戸座宗匠を座・側《がわ》（門派）別に配列し、それぞれの高点句を記したもので、点取の案内ともなるということで狙い通り好評を博し、以後次々と改訂版や続編が刊行されたが、文化六年（一八〇九）刊の『誹諧觽』十九編に、「手斧梵論」の句が見えるのである。

鼻の先あぶなくみゆる手斧ぼろ

この句には「上総鳴子村願住寺、毎夜出る陽炎の如きもの也」との注釈もついている。明らかに『本朝俗諺志』に基づいた記述であろう（蜉蝣《かげろう》を「陽炎《かげろう》」と誤読しているが）。このほかにも、嘉永《かえい》元年（一八四八）刊の『しげり柳』に「鉋目《かんなめ》のない古寺にてうのぼろ」の句が見える。

昭和十四年（一九三九）に刊行された大曲駒村《おおまがりくそん》の『川柳辞彙《せんりゅうじい》』第十冊には、出所不明ながら「手斧梵論上総大工に訳を聞き」の句が紹介されている。駒村は「手斧梵論」を「不明の語」としているが、昭和十六年の『川柳辞彙』第十六冊の「補正」で、川柳辞彙刊行会員による訂正として『夷歌百鬼夜狂《えびすうたひやっきやきょう》』の「立よりてうてばひらりと釿《ちょうの》ぼろあやしく肝をけづるもの哉《かな》」を引き、「化物の一」と解説されている。『夷歌百鬼夜狂』は、天明五年（一七八五）、江戸での狂歌ブームの真っ最中に刊行された、妖怪の名前を題に採った狂歌を載せた狂歌集で、ここでも「手斧梵論」（『夷歌百鬼夜狂』での表記は「釿ぼろ」）は詩歌の題材となっているのである。

「手斧梵論」は、近代以降は長く忘れ去られていた妖怪であったことが、『川柳辞彙』の一件からも読み取れるが、江戸時代の川柳（雑俳）の世界では、それなりに人気のあった妖怪だったようだ。と言うより、雑俳の世界でしか知られない、特異な妖怪名称であったと言うべきであろう。

その背後には、やはり共有のデータベースとしての「俳諧ネットワーク」があったのではなかろうか。『本朝俗諺志』の文章をもう一度よく読み返してみると、「手斧梵論」は「少も仇をなす事なし」とすでに「日常化」しており、「此地へ始ての旅人、寺のてうのほろ見んとて夜はなしなとに行」、つまり旅人たちが気軽に見物に行くという状況だった。挿絵には、宙を漂う「手斧梵論」を眺めながら談笑し、茶を飲む僧侶と旅人たちの姿が描かれている。この旅人たちは、あるいは「旅する俳人」たちではなかったか。「手斧梵論」の話は、こうした俳人たちのあいだで細々と語り伝えられ、十九世紀の雑俳においても、時折その名前が顔を覗かせていたのだと考えることもできるだろう。

妖怪の名称ばかりでない。江戸時代のさまざまな文化を読み解く上で、今は忘れ去られてしまった、このような隠れた知識のデータベースの存在を想定することが、今後は必要になってくるのではないだろうか。

あとがき

二〇〇五年に刊行した最初の単著『江戸の妖怪革命』（河出書房新社、のち二〇一三年に角川ソフィア文庫）では、十八世紀後半以降の日本人の妖怪観の大きな変化を中心に取り上げた。それは現代のわれわれ自身の妖怪観の直接的な起源について知りたいと考えたためであった。その後、『立体妖怪図鑑　モノノケハイ』（兵庫県立歴史博物館編、KADOKAWA、二〇一六年）で、積み残しになっていた妖怪の立体造形化の問題について、近代および現代の感性の変容とからめて論じた。これで自分のなかでは、十八世紀後半以降の「日本妖怪史」についてはは整理がついたのだが、そうなると今度はやはりそれ以前のことが気になってくる。そこで妖怪の名前という問題に焦点を合わせ、江戸時代前半の妖怪観について検討してみようと思い立ったのだった。

そのなかで注目したのが『古今百物語評判』であったが、その「著者」とされている山岡元隣が、俳諧の世界では当時名の知られた人物であったという事実と、取り上げられている妖怪がいずれも俳諧に詠まれているという事実から、俳諧と妖怪の関係に気づくことになった。正直に告白すると、俳諧にはまったく興味がなかったし、実は今もない。句の善し悪しなどさっぱりわからない。芭蕉の句は別格だというのはなんとなく理解できるが、それでも談林派のころの芭蕉（桃青）の連句などはほとんど意味が汲み取れない（まあ談林派の句は大体そうなのだが）。しかし、気づいてしまったからには調べざるを得ない。おのれの無知無教養を痛感しながら、にわかに江戸時代の俳諧史をたどることになったのである。

ただ、今では、江戸時代の文化を理解する上で、俳諧は絶対に押さえておかなければならないものであることを身に染みて実感している。ある意味それは、江戸時代の「ＳＮＳ（ソーシャルネットワークサービス）」と言うべきものであったとさえ考えている。俳諧を通じて繋がった人的ネットワークは、地域を越え、また身分を越えて形成されていた。そこに参入する人びとは俳号というハンドルネームを用いて本来の身分秩序とは切り離された世界を構築し、また「清書所《せいしょじょ》」などと呼ばれる地域の取りまとめをおこなう者を介することで、お互いに遠く離れた都市の俳諧宗匠と地方の人びとが同じ俳諧の興行に参加することも可能になっていた。彼らは書簡（メール）のやり取りや句会（オフ会）などを通じて情報の交換をおこない、俳書という名の同人誌を自分たちの手で出版した。こうした「俳諧ネットワーク」上に、一種のクラウド型データベースのように句作に必要な知識が共有され、そこに妖怪の名前も数多く集積されることになったのである。「SNS的なるもの」は、現代において突然生まれたものではなく、江戸時代においては俳諧が、そして近代においては雑誌とラジオがその役割を果たしていたというのが、私の持論である。

それにつけても、江戸時代の俳諧史がこれほどまでに妖怪とリンクしていたというのは予想外だった。貞門派の「俳言」としての妖怪名称の収集、談林派の「妖怪趣味」、蕉風復興運動と奇談収集、俳諧師による地誌・奇談集の編纂、そして俳人による妖怪名称の創作。隠された繋がりは、まだまだあるのかもしれない。

本書の元になったのは、令和二年（二〇二〇）五月の『日本民俗学』第三〇二号に掲載された論文「鬼魅の名は―近世前期における妖怪の名づけ―」である。お察しのとおり、平成二十八年（二〇一六）に大ヒットした映画『君の名は。』をもじったタイトルになっている。ちなみにサブタイトルの「近世前期」は、同映画の主題歌「前前前世」に掛けたつもりであったが、こちらについては誰も気づいてくれなかった。私の俳諧はまだまだ未熟なようである。

職場の元同僚であった近世絵画史の五十嵐公一氏から、吉川弘文館が歴史文化ライブラリーの書き手を探しているがどうか、というお話をいただいたのはその後だった。「鬼魅の名は」の論文に、古代・中世の状況を加筆すればなんとか一冊にはなるか、と思い引き受けたのだが、古代・中世の部分の分量が思いのほか膨らみ、さらに書いている途中で新たなアイデアが次から次へと湧いてきて、最初の著作『江戸の妖怪革命』以来の、「アイデアが向こうからやってくる」という神がかり的な状況をひさびさに味わった。

私は内容をすべて決めた上で書くというよりは、書いているうちに次第に思考を深めていくタイプなので、自分でも予想していなかったところに最終的に着地することが多い。『江戸の妖怪革命』では最終章の「妖怪娯楽の近代」の部分がそうだったし、今回は「増殖する妖怪」の部分がそうだ。実は書き始めた時点で、それはまったく形をなしていなかった。まさか松尾芭蕉が「江戸の妖怪爆発」に大きな影響を与えていたとは、自分でも思ってもみなかったことだったのだ。ある意味私は、最初の読者としてこの本を楽しむことができた。これも『江戸の妖怪革命』以来のことである。

ただ、こうした執筆スタイルのため、校正の段階でも多くの加筆・修正が発生し、編集を担当された吉川弘文館の板橋奈緒子氏には多大なご迷惑をおかけしてしまった。「煙々羅」が芭蕉その人であるというのもこの段階での思いつきである。研究者としてはあるまじきスタイルかもしれないが、私はそこに最大の楽しさを見いだしており、この先も変わることはないだろう。どうかご容赦願えれば幸いである。

一九八〇年代に新たな妖怪論を引っ提げて、一躍日本の妖怪研究の第一人者となった小松和彦先生に憧れ、その門下となってからすでに三十五年の時が経とうとしている。最初にお会いした時の小松先生の年齢を自分がとうに超えていることに先日気づいて愕然となった。自分の今の仕事が、当時の小松先生の足下にも及んでいないからである。喜寿を迎えられる先生のお祝いも兼ねて、本書を捧げたいと思う。

また今回の本では、東アジア恠異学会の研究成果にもおおいに助けられた。いっとき、われわれ小松門下の民俗学者と、歴史学を中心とした東アジア恠異学会とは、見解の相違から緊張関係に置かれたこともあったが、今ではお互いに補完し合える関係であると私は考えている。古代・中世の「怪異」については榎村寛之氏、大江篤氏、久禮旦雄氏、久留島元氏の研究をおおいに利用させてもらったし、近世の「怪異」については木場貴俊氏、村上紀夫氏から資料や文献の紹介も含めてたいへんお世話になった。記して感謝申し上げる。

そして最後に、ひとり部屋に籠って黙々と原稿を書き続けることを黙認してくれた家族にも感謝したい。先に記したように、俳句の善し悪しについてはさっぱりわからないが、娘が小学生の時に作った俳句「蛍には　秘密があるんだ　いいことだ」は、巧拙は別にして傑作だと思っている。

二〇二四年六月

香　川　雅　信

参考文献

妖怪の「カンブリア爆発」―プロローグ

香川雅信　二〇〇五　『江戸の妖怪革命』河出書房新社
小松和彦　一九九〇　「妖怪の原像」近藤雅樹編『図説　日本の妖怪』河出書房新社
安井眞奈美　二〇一五　「怪異のイメージを追って―うぶめと天狗を中心に―」天理大学考古学・民俗学研究室編『モノと図像から探る怪異・妖怪の世界』勉誠出版
柳田國男　一九八九　「妖怪談義」『柳田國男全集6』筑摩書房（初出一九五六）

鬼か神か狐か木魂か

上島　享　二〇〇四　「中世宗教秩序の形成と神仏習合」『国史学』第一八二号
上島　享　二〇二一　「中世の神と仏―〈神仏習合〉再考―」吉田一彦編『神仏融合の東アジア史』名古屋大学出版会
榎村寛之　二〇〇九　「奈良・平安時代の人々とフシギなコト」東アジア恠異学会編『怪異学の可能性』角川書店
大野　晋　二〇一三　『日本人の神』河出書房新社
勝山清次　二〇一四　「神社の災異と軒廊御卜―一一世紀における人と神の関係の変化―」『史林』第九七巻第六号

神塚淑子　一九九七「鬼神（儒教のキーワード）」『しにか』第八巻第一二号
久留島元　二〇一八「妖怪・怪異・異界―中世説話集を事例に―」東アジア恠異学会編『怪異学の地平』臨川書店
久禮旦雄　二〇一六「日本古代の神と鬼」祭祀史料研究会編『祭祀研究と日本文化』塙書房
佐藤弘夫　二〇〇〇『アマテラスの変貌―中世神仏交渉史の視座―』法蔵館
杉原たく哉　二〇〇七『天狗はどこから来たか』大修館書店
東アジア恠異学会　二〇〇九『怪異学の可能性』角川書店
東アジア恠異学会　二〇一二『怪異学入門』岩田書院
森　正人　一九八六『今昔物語集の生成』和泉書院
吉田一彦　二〇一六「アジア東部における日本の鬼神―『日本霊異記』の鬼神の位置―」『説話文学研究』第五一号

怪鳥・人魂・光物―「怪異」としての妖怪

伊藤慎吾　二〇〇〇「ものとしての天変―『看聞日記』の一語彙の解釈をめぐって―」『世間話研究』第一〇号
岩崎雅彦　二〇一八「中世の妖怪―『鵺』と『土蜘蛛』の名前について―」徳田和夫編『東の妖怪・西のモンスター―想像力の文化比較―』勉誠出版
太田まり子　二〇一一「百怪祭―陰陽道祭祀からみた中世における怪異意識の変容―」『寺社と民衆』第七号

斎藤英喜　二〇一一　「『招魂祭』をめぐる言説と儀礼―陰陽道祭祀研究のために―」『鷹陵史学』三七号
佐々木紀一　二〇〇二　「渡辺党古系図と『平家物語』「鵺」説話の源流（下）」『山形県立米沢女子短期大学紀要』第三七号
杉山和也　二〇一六　「変貌するヌエ」伊藤慎吾編『妖怪・憑依・擬人化の文化史』笠間書院
高谷知佳　二〇一六　『「怪異」の政治社会学―室町人の思考をさぐる―』講談社
高橋昌明　二〇一八　『武士の日本史』岩波書店
田中貴子　二〇〇四　『あやかし考―不思議の中世へ―』平凡社
西岡芳文　二〇〇二　「六壬式占と軒廊御卜」今谷明編『王権と神祇』思文閣出版
西山　克　二〇〇八　「太平記と予兆　怪異・妖怪・怪談」市沢哲編『太平記を読む』吉川弘文館
山田雄司　二〇〇九　「鎌倉時代の怪異」東アジア恠異学会編『怪異学の可能性』角川書店

凶兆からモノへ―「髪切り」をめぐって

井上智勝　二〇一二　「近世日本の国家祭祀」『歴史評論』七四三号
遠藤克己　一九八五　『近世陰陽道史の研究』未来工房
木場貴俊　二〇二〇　『怪異をつくる―日本近世怪異文化史―』文学通信
森川　昭　一九九七　「貞門と談林」『時代別日本文学史事典　近世編』東京堂出版

『古今百物語評判』と俳諧

安保博史　一九八七　「天和調の一断面―『妖怪趣味』をめぐって―」『中央大學國文』三〇

安保博史　二〇一八「延宝・天和期俳諧と白居易諷諭詩―妖狐趣味をめぐって―」『文学・語学』第二二三号
伊藤龍平　二〇〇八『ツチノコの民俗学―妖怪から未確認動物へ―』青弓社
乾　裕幸　一九九一「初期俳諧の展開」森川昭・加藤定彦・乾裕幸校注『新日本古典文学大系69　初期俳諧集』岩波書店
中嶋　隆　一九九四『西鶴と元禄メディア―その戦略と展開―』日本放送出版協会
廣田二郎　一九五六「芭蕉の思想・作風の展開と『荘子』―延宝・天和時代―」『小樽商大人文研究』第十三輯
星　瑞穂　二〇一〇「近世前期の雪女像」『藝文研究』九九
前芝憲一　一九九五『仮名草子―混沌の視角―』和泉書院

「姥が火」をめぐる俳諧ネットワーク

今泉隆裕　二〇一一「謡曲にみる宗教喧伝の一側面―番外曲〈姥火〉二種についてのノート―」『桐蔭論叢』第二四号
今田洋三　一九七七『江戸の本屋さん―近世文化史の側面―』日本放送出版協会
佐藤智子　二〇一一「怪異譚『姥が火』にみられる絵の変遷―青本『うはがひ』にみられる絵の特色―」『叢―近世文学演習ノート―』第三二号
寺　敬子　二〇一一『山岡元隣『百物語評判』の研究』関西学院大学博士論文
横田冬彦　二〇〇二『日本の歴史16　天下泰平』講談社

名づけられる怪異

神田左京　二〇〇五　『不知火・人魂・狐火』改版　中央公論新社（初出一九三一）

怪火と詩歌

飯倉洋一　二〇〇七　「怪異と寓言　浮世草子・談義本・初期読本」『西鶴と浮世草子研究』第二号　笠間書院
倉地克直　二〇〇六　『江戸文化をよむ』吉川弘文館
鈴木章生　二〇〇一　『江戸の名所と都市文化』吉川弘文館
芳賀　登　一九七一　「大日本地誌大系　摂陽群談解題」『大日本地誌大系38　摂陽群談』雄山閣
水木しげる　一九七四　『妖怪なんでも入門』小学館
柳田國男　一九八九　「妖怪談義」『柳田國男全集6』筑摩書房（初出一九五六）
山本唯一　一九七一　『元禄俳諧の位相』法蔵館

『三州奇談』と蕉風復興

内山かおる　二〇二三　「蕪村―絵画と発句でたどる陸奥・出羽―」『日本美術新論』第一号
大輪靖宏　二〇一四　『なぜ芭蕉は至高の俳人なのか』祥伝社
佐谷眞木人　二〇二三　『江戸の花道―西鶴・芭蕉・近松と読む軍記物語―』慶應義塾大学出版会
田中道雄　一九九八　「安永天明期俳諧と蕉風復興運動」山下一海・田中道雄・石川真弘・田中善信校注『新日本古典文学大系73　天明俳諧集』岩波書店
堤　邦彦　二〇〇四　『江戸の怪異譚―地下水脈の系譜―』ぺりかん社

堤　邦彦・杉本好伸編　二〇〇三　『近世民間異聞怪談集成』国書刊行会
深沢了子　二〇一八　「享保十六年（一七三一）―復古と革新　江戸時代の折り返し地点―」鈴木健一編『輪切りの江戸文化史―この一年に何が起こったか？―』勉誠出版
山本和明　二〇〇三　「諸国奇談集の一側面」『江戸文学』第二八号　ぺりかん社

集成される妖怪・創造される妖怪

赤木美智　二〇二〇　「鳥山石燕の画業について」『鹿島美術研究』年報第三八号別冊
飯倉洋一　一九九三　「奇談から読本へ」中野三敏編『日本の近世12　文学と美術の成熟』中央公論社
今井秀和　二〇〇七　「片輪車という小歌―妖怪の母体としての言語―」『日本文学研究』第四六号
今橋理子　二〇一七　『江戸の花鳥画―博物学をめぐる文化とその表象―』講談社（初出一九九五）
加藤定彦　一九九二　「江戸座の絵俳書について―露月を中心に―」『絵入俳書とその画家たち』柿衞文庫
近藤瑞木　二〇一〇　「石燕妖怪画の風趣　『今昔百鬼拾遺』私注」小松和彦編『妖怪文化の伝統と創造―絵巻・草紙からマンガ・ラノベまで―』せりか書房
近藤瑞木　二〇一二　「石燕妖怪画私注」『人文学報』第四六二号
島田一郎　一九八六　「石燕の芭蕉像」『日本書誌学大系49　島田筑波集　上巻』青裳堂書店
杉本つとむ　一九八九　『方言に憑かれた男　越谷吾山―日本最初の全国方言辞典を編む―』さきたま出版会
西村三郎　一九九九　『文明のなかの博物学　西欧と日本（下）』紀伊國屋書店

真島　望　二〇〇四「菊岡沾凉の俳諧活動」『成城国文学』第二〇号
真島　望　二〇〇九「近世説話の生成一斑―菊岡沾凉『諸国里人談』・『本朝俗諺志』と地誌―」『成城国文学』第二五号
真島　望　二〇一四「俳諧師の江戸地誌―写本地誌『風流江戸雑話懐反古』の紹介を兼ねて―」『民俗学研究所紀要』第三八集
横田冬彦　二〇〇〇「『徒然草』は江戸文学か？―書物史における読者の立場―」『歴史評論』第六〇五号

「怪異」のゆくえ

梅田千尋　二〇一五「陰陽頭土御門晴親と『怪異』」東アジア恠異学会編『怪異を媒介するもの』勉誠出版
遠藤克己　一九八五『近世陰陽道史の研究』未来工房
小馬　徹　二〇二一「妖獣シイ、河童信仰宗家・肥後渋江家を興す―歴史民俗人類学序説―」『神奈川大学日本常民文化研究所論集』三七
澤田瑞穂　一九八八『中国の伝承と説話』研文出版
杉　岳志　二〇〇五「書籍とフォークロア―近世の人々の彗星観をめぐって―」『一橋論叢』第一三四巻第四号
鈴木一馨　二〇〇二『陰陽道―呪術と鬼神の世界―』講談社
田中暁龍　二〇二三『江戸に向かう公家たち―みやこと幕府の仲介者―』吉川弘文館

藤田　覚　一九九一「国政に対する朝廷の存在」辻達也編『日本の近世2　天皇と将軍』中央公論社
間瀬久美子　二〇一八「寛延の怪異と地震祈禱—賀茂別雷神社を中心に—」『千葉経済論叢』第五九号

予言獣—みずから名乗る「怪異」

湯本豪一　二〇〇二『妖怪と楽しく遊ぶ本—日本人と妖怪の意外な関係を探る—』河出書房新社

忘れられたデータベース—エピローグ

岩田秀行　一九九三「戯作の二重構造と江戸文化」中野三敏編『日本の近世12　文学と美術の成熟』
中央公論社
吉田健剛　二〇一七『古川柳入門』関西学院大学出版会

著者紹介
一九六九年、香川県に生まれる
一九九九年、大阪大学大学院文学研究科博士後期課程単位取得退学
二〇〇六年、博士（学術、総合研究大学院大学）
現在、兵庫県立歴史博物館学芸課長

〔主要編著書〕
『江戸の妖怪革命』（河出書房新社、二〇〇五年、のち角川ソフィア文庫、二〇一三年）
『47都道府県・妖怪伝承百科』（共編著、丸善出版、二〇一七年）
『図説　日本妖怪史』（河出書房新社、二〇二二年）

歴史文化ライブラリー
607

妖怪を名づける
鬼魅の名は

二〇二四年（令和六）九月一日　第一刷発行

著　者　香《か》川《がわ》雅《まさ》信《のぶ》
発行者　吉川道郎
発行所　株式会社　吉川弘文館
東京都文京区本郷七丁目二番八号
郵便番号一一三―〇〇三三
電話〇三―三八一三―九一五一〈代表〉
振替口座〇〇一〇〇―五―二四四
https://www.yoshikawa-k.co.jp/
印刷＝株式会社 平文社
製本＝ナショナル製本協同組合
装幀＝清水良洋・宮崎萌美

ISBN978-4-642-30607-2

歴史文化ライブラリー

1996. 10

刊行のことば

現今の日本および国際社会は、さまざまな面で大変動の時代を迎えておりますが、近づきつつある二十一世紀は人類史の到達点として、物質的な繁栄のみならず文化や自然・社会環境を謳歌できる平和な社会でなければなりません。しかしながら高度成長・技術革新にともなう急激な変貌は「自己本位な刹那主義」の風潮を生みだし、先人が築いてきた歴史や文化に学ぶ余裕もなく、いまだ明るい人類の将来が展望できていないようにも見えます。このような状況を踏まえ、よりよい二十一世紀社会を築くために、人類誕生から現在に至る「人類の遺産・教訓」としてのあらゆる分野の歴史と文化を「歴史文化ライブラリー」として刊行することといたしました。

小社は、安政四年(一八五七)の創業以来、一貫して歴史学を中心とした専門出版社として書籍を刊行しつづけてまいりました。その経験を生かし、学問成果にもとづいた本叢書を刊行し社会的要請に応えて行きたいと考えております。

現代は、マスメディアが発達した高度情報化社会といわれますが、私どもはあくまでも活字を主体とした出版こそ、ものの本質を考える基礎と信じ、本叢書をとおして社会に訴えてまいりたいと思います。これから生まれでる一冊一冊が、それぞれの読者を知的冒険の旅へと誘い、希望に満ちた人類の未来を構築する糧となれば幸いです。

吉川弘文館

歴史文化ライブラリー

民俗学・人類学

古代ゲノムから見たサピエンス史——太田博樹
日本人の誕生 人類はるかなる旅——埴原和郎
倭人への道 人骨の謎を追って——中橋孝博
役行者と修験道の歴史——宮家 準
幽霊 近世都市が生み出した化物——髙岡弘幸
妖怪を名づける 鬼魅の名は——香川雅信
遠野物語と柳田國男 日本人のルーツをさぐる——新谷尚紀

世界史

ドナウの考古学 ネアンデルタール・ケルト・ローマ——小野 昭
神々と人間のエジプト神話 魔法・冒険・復讐の物語——大城道則
文房具の考古学 東アジアの文字文化史——山本孝文
中国古代の貨幣 お金をめぐる人びとと暮らし——柿沼陽平
中国の信仰世界と道教 神・仏・仙人——二階堂善弘
渤海国とは何か——古畑 徹
アジアのなかの琉球王国——高良倉吉
琉球国の滅亡とハワイ移民——鳥越皓之
イングランド王国前史 アングロサクソン七王国物語——桜井俊彰
ヒトラーのニュルンベルク 第三帝国の光と闇——芝 健介
帝国主義とパンデミック 医療と経済の東南アジア史——千葉芳広
人権の思想史——浜林正夫

考古学

タネをまく縄文人 最新科学が覆す農耕の起源——小畑弘己
イヌと縄文人 狩猟の相棒、神へのイケニエ——小宮 孟
顔の考古学 異形の精神史——設楽博己
〈新〉弥生時代 五〇〇年早かった水田稲作——藤尾慎一郎
弥生人はどこから来たのか 最新科学が解明する先史日本——藤尾慎一郎
文明に抗した弥生の人びと——寺前直人
青銅器が変えた弥生社会 東北アジアの交易ネットワーク——中村大介
樹木と暮らす古代人 木製品が語る弥生・古墳時代——樋上 昇
アクセサリーの考古学 倭と古代朝鮮の交渉史——高田貫太
古 墳——土生田純之
古墳を築く——一瀬和夫
東国から読み解く古墳時代——若狭 徹
東京の古墳を探る——松崎元樹
埋葬からみた古墳時代 女性・親族・王権——清家 章
鏡の古墳時代——下垣仁志
神と死者の考古学 古代のまつりと信仰——笹生 衛
土木技術の古代史——青木 敬
大極殿の誕生 古代天皇の象徴に迫る——重見 泰

歴史文化ライブラリー

国分寺の誕生 古代日本の国家プロジェクト——須田 勉
東大寺の考古学 よみがえる天平の大伽藍——鶴見泰寿
海底に眠る蒙古襲来 水中考古学の挑戦——池田榮史
中世かわらけ物語 もっとも身近な日用品の考古学——中井淳史
ものがたる近世琉球 喫煙・園芸・豚飼育の考古学——石井龍太

古代史

邪馬台国の滅亡 大和王権の征服戦争——若井敏明
日本語の誕生 古代の文字と表記——沖森卓也
日本国号の歴史——小林敏男
日本神話を語ろう イザナキ・イザナミの物語——中村修也
六国史以前 日本書紀への道のり——関根 淳
東アジアの日本書紀 歴史書の誕生——遠藤慶太
〈聖徳太子〉の誕生——大山誠一
倭国と渡来人 交錯する「内」と「外」——田中史生
大和の豪族と渡来人 葛城・蘇我氏と大伴・物部氏——加藤謙吉
物部氏 古代氏族の起源と盛衰——篠川 賢
東アジアからみた「大化改新」——仁藤敦史
白村江の真実 新羅王・金春秋の策略——中村修也
よみがえる古代山城 国際戦争と防衛ライン——向井一雄
よみがえる古代の港 古地形を復元する——石村 智
古代氏族の系図を読み解く——鈴木正信
古代豪族と武士の誕生——森 公章
飛鳥の宮と藤原京 よみがえる古代王宮——林部 均
出雲国誕生——大橋泰夫
古代出雲——前田晴人
古代の皇位継承 天武系皇統は実在したか——遠山美都男
壬申の乱を読み解く——早川万年
苦悩の覇者 天武天皇 専制君主と下級官僚——虎尾達哉
戸籍が語る古代の家族——今津勝紀
古代の人・ひと・ヒト 名前と身体から歴史を探る——三宅和朗
疫病の古代史 天災、人災、そして——本庄総子
万葉集と古代史——直木孝次郎
郡司と天皇 地方豪族と古代国家——磐下 徹
地方官人たちの古代史 律令国家を支えた人びと——中村順昭
采女 なぞの古代女性 地方からやってきた女官たち——伊集院葉子
古代の都はどうつくられたか 中国・日本・朝鮮・渤海——吉田 歓
平城京に暮らす 天平びとの泣き笑い——馬場 基
平城京の住宅事情 貴族はどこに住んだのか——近江俊秀
すべての道は平城京へ 古代国家の〈支配の道〉——市 大樹
都はなぜ移るのか 遷都の古代史——仁藤敦史

歴史文化ライブラリー

古代の都と神々 怪異を吸いとる神社——榎村寛之
聖武天皇が造った都 難波宮・恭仁宮・紫香楽宮——小笠原好彦
天皇側近たちの奈良時代——十川陽一
藤原仲麻呂と道鏡 ゆらぐ奈良朝の政治体制——鷺森浩幸
古代の女性官僚 女官の出世・結婚・引退——伊集院葉子
〈謀反〉の古代史 平安朝の政治改革——春名宏昭
皇位継承と藤原氏 摂政・関白はなぜ必要だったのか——神谷正昌
王朝貴族と外交 国際社会のなかの平安日本——渡邊　誠
源氏物語を楽しむための王朝貴族入門——繁田信一
源氏物語の舞台装置 平安朝文学と後宮——栗本賀世子
陰陽師の平安時代 貴族たちの不安解消と招福——中島和歌子
平安貴族の仕事と昇進 どこまで出世できるのか——井上幸治
平安朝　女性のライフサイクル——服藤早苗
平安貴族の住まい 寝殿造から読み直す日本住宅史——藤田勝也
平安京のニオイ——安田政彦
平安京の生と死 祓い、告げ、祭り——五島邦治
平安京はいらなかった 古代の夢を喰らう中世——桃崎有一郎
天神様の正体 菅原道真の生涯——森　公章
平将門の乱を読み解く——木村茂光
古代の神社と神職 神をまつる人びと——加瀬直弥
古代の食生活 食べる・働く・暮らす——吉野秋二
雪と暮らす古代の人々——相澤　央
古代の刀剣 日本刀の源流——小池伸彦
大地の古代史 土地の生命力を信じた人びと——三谷芳幸
時間の古代史 霊鬼の夜、秩序の昼——三宅和朗

中世史

列島を翔ける平安武士 九州・京都・東国——野口　実
源氏と坂東武士——野口　実
敗者たちの中世争乱 年号から読み解く——関　幸彦
戦死者たちの源平合戦 生への執着、死者への祈り——田辺　旬
熊谷直実 中世武士の生き方——高橋　修
中世武士　畠山重忠 秩父平氏の嫡流——清水　亮
頼朝と街道 鎌倉政権の東国支配——木村茂光
もう一つの平泉 奥州藤原氏第二の都市・比爪——羽柴直人
源頼家とその時代 二代目鎌倉殿と宿老たち——藤本頼人
六波羅探題 京を治めた北条一門——森　幸夫
大道　鎌倉時代の幹線道路——岡　陽一郎
仏都鎌倉の一五〇年——今井雅晴
鎌倉北条氏の興亡——奥富敬之
鎌倉幕府はなぜ滅びたのか——永井　晋

歴史文化ライブラリー

歴史文化ライブラリー

鉄砲と戦国合戦——宇田川武久
検証 川中島の戦い——村石正行
検証 長篠合戦——平山 優
検証 本能寺の変——谷口克広
明智光秀の生涯——諏訪勝則
加藤清正 朝鮮侵略の実像——北島万次
落日の豊臣政権 秀吉の憂鬱、不穏な京都——河内将芳
豊臣秀頼——福田千鶴
天下人たちの文化戦略 科学の眼でみる桃山文化——北野信彦
イエズス会がみた「日本国王」 天皇・将軍・信長・秀吉——松本和也
海賊たちの中世——金谷匡人
琉球王国と戦国大名 島津侵入までの半世紀——黒嶋 敏
天下統一とシルバーラッシュ 銀と戦国の流通革命——本多博之

近世史

江戸城の土木工事 石垣・堀・曲輪——後藤宏樹
慶長遣欧使節 伊達政宗が夢見た国際外交——佐々木 徹
徳川忠長 兄家光の苦悩、将軍家の悲劇——小池 進
女と男の大奥 大奥法度を読み解く——福田千鶴
大奥を創った女たち——福田千鶴
江戸のキャリアウーマン 奥女中の仕事・出世・老後——柳谷慶子
江戸に向かう公家たち みやこと幕府の仲介者——田中暁龍
細川忠利 ポスト戦国世代の国づくり——稲葉継陽
家老の忠義 大名細川家存続の秘訣——林 千寿
隠れた名君 前田利常 加賀百万石の運営手腕——木越隆三
明暦の大火 「都市改造」という神話——岩本 馨
〈伊達騒動〉の真相——平川 新
江戸の町奉行——南 和男
大名行列を解剖する 江戸の人材派遣——根岸茂夫
江戸大名の本家と分家——野口朋隆
江戸の武家名鑑 武鑑と出版競争——藤實久美子
江戸の出版統制 弾圧に翻弄された戯作者たち——佐藤至子
武士という身分 城下町萩の大名家臣団——森下 徹
旗本・御家人の就職事情——山本英貴
武士の奉公 本音と建前 江戸時代の出世と処世術——高野信治
近江商人と出世払い 出世証文を読み解く——宇佐美英機
犬と鷹の江戸時代 〈犬公方〉綱吉と〈鷹将軍〉吉宗——根崎光男
武人儒学者 新井白石 正徳の治の実態——藤田 覚
近世の巨大地震——矢田俊文
土砂留め奉行 河川災害から地域を守る——水本邦彦
外来植物が変えた江戸時代 里湖・里海の資源と都市消費——佐野静代

歴史文化ライブラリー

闘いを記憶する百姓たち 江戸時代の裁判学習帳——八鍬友広
江戸時代の瀬戸内海交通——倉地克直
江戸のパスポート 旅の不安はどう解消されたか——柴田 純
江戸の捨て子たち その肖像——沢山美果子
江戸時代の医師修業 学問・学統・遊学——海原 亮
江戸幕府の日本地図 国絵図・城絵図・日本図——川村博忠
踏絵を踏んだキリシタン——安高啓明
墓石が語る江戸時代 大名・庶民の墓事情——関根達人
石に刻まれた江戸時代 無縁・遊女・北前船——関根達人
近世の仏教 華ひらく思想と文化——末木文美士
伊勢参宮文化と街道の人びと ケガレ意識と不埒者の江戸時代——塚本 明
吉田松陰の生涯 猪突猛進の三〇年——米原 謙
松陰の本棚 幕末志士たちの読書ネットワーク——桐原健真
龍馬暗殺——桐野作人
日本の開国と多摩 生糸・農兵・武州一揆——藤田 覚
幕末の海軍 明治維新への航跡——神谷大介
海辺を行き交うお触れ書き 浦触の語る徳川情報網——水本邦彦
江戸の海外情報ネットワーク——岩下哲典

近・現代史

江戸無血開城 本当の功労者は誰か?——岩下哲典
五稜郭の戦い 蝦夷地の終焉——菊池勇夫
水戸学と明治維新——吉田俊純
大久保利通と明治維新——佐々木 克
刀の明治維新 「帯刀」は武士の特権か?——尾脇秀和
京都に残った公家たち 華族の近代——刑部芳則
文明開化 失われた風俗——百瀬 響
大久保利通と東アジア 国家構想と外交戦略——勝田政治
名言・失言の近現代史 上 一八六八—一九四五——村瀬信一
大元帥と皇族軍人 明治編——小田部雄次
皇居の近現代史 開かれた皇室像の誕生——河西秀哉
日本赤十字社と皇室 博愛か報国か——小菅信子
リーダーたちの日清戦争——佐々木雄一
陸軍参謀 川上操六 日清戦争の作戦指導者——大澤博明
軍隊を誘致せよ 陸海軍と都市形成——松下孝昭
軍港都市の一五〇年 横須賀・呉・佐世保・舞鶴——上杉和央
〈軍港都市〉横須賀 軍隊と共生する街——高村聰史
第一次世界大戦と日本参戦 揺らぐ日英同盟と日独の攻防——飯倉 章
日本酒の近現代史 酒造地の誕生——鈴木芳行
温泉旅行の近現代——高柳友彦
失業と救済の近代史——加瀬和俊

歴史文化ライブラリー

近代日本の就職難物語「高等遊民」になるけれど―町田祐一
難民たちの日中戦争 戦火に奪われた日常―芳井研一
昭和天皇とスポーツ〈玉体〉の近代史―坂上康博
大元帥と皇族軍人 大正・昭和編―小田部雄次
昭和陸軍と政治「統帥権」というジレンマ―高杉洋平
松岡洋右と日米開戦 大衆政治家の功と罪―服部 聡
唱歌「蛍の光」と帝国日本―大日方純夫
着物になった〈戦争〉時代が求めた戦争柄―乾 淑子
稲の大東亜共栄圏 帝国日本の〈緑の革命〉―藤原辰史
地図から消えた島々 幻の日本領と南洋探検家たち―長谷川亮一
自由主義は戦争を止められるのか 芦田均・清沢洌・石橋湛山―上田美和
軍用機の誕生 日本軍の航空戦略と技術開発―水沢 光
国産航空機の歴史 零戦・隼からYS-一一まで―笠井雅直
首都防空網と〈空都〉多摩―鈴木芳行
帝都防衛 戦争・災害・テロ―土田宏成
帝国日本の技術者たち―沢井 実
強制された健康 日本ファシズム下の生命と身体―藤野 豊
「自由の国」の報道統制 大戦下の日系ジャーナリズム―水野剛也
学徒出陣 戦争と青春―蜷川壽惠
検証 学徒出陣―西山 伸
特攻隊の〈故郷〉霞ヶ浦・筑波山・北浦・鹿島灘―伊藤純郎
陸軍中野学校と沖縄戦 知られざる少年兵「護郷隊」―川満 彰
沖縄戦の子どもたち―川満 彰
沖縄からの本土爆撃 米軍出撃基地の誕生―林 博史
原爆ドーム 物産陳列館から広島平和記念碑へ―頴原澄子
米軍基地の歴史 世界ネットワークの形成と展開―林 博史
沖縄米軍基地全史―野添文彬
世界史のなかの沖縄返還―成田千尋
考証 東京裁判 戦争と戦後を読み解く―宇田川幸大
ふたつの憲法と日本人 戦前・戦後の憲法観―川口暁弘
名言・失言の近現代史 下 一九四六――村瀬信一
戦後文学のみた〈高度成長〉―伊藤正直
首都改造 東京の再開発と都市政治―源川真希
鯨を生きる 鯨人の個人史・鯨食の同時代史―赤嶺 淳

文化史・誌

山寺立石寺 霊場の歴史と信仰―山口博之
神になった武士 平将門から西郷隆盛まで―高野信治
跋扈する怨霊 祟りと鎮魂の日本史―山田雄司
将門伝説の歴史―樋口州男
殺生と往生のあいだ 中世仏教と民衆生活―苅米一志

歴史文化ライブラリー

浦島太郎の日本史――三舟隆之
おみくじの歴史 神仏のお告げはなぜ詩歌なのか――平野多恵
〈ものまね〉の歴史 仏教・笑い・芸能――石井公成
スポーツの日本史 遊戯・芸能・武術――谷釜尋徳
戒名のはなし――藤井正雄
墓と葬送のゆくえ――森　謙二
運　慶 その人と芸術――副島弘道
ほとけを造った人びと 止利仏師から運慶・快慶まで――根立研介
祇園祭 祝祭の京都――川嶋將生
洛中洛外図屛風 つくられた〈京都〉を読み解く――小島道裕
化粧の日本史 美意識の移りかわり――山村博美
乱舞の中世 白拍子・乱拍子・猿楽――沖本幸子
神社の本殿 建築にみる神の空間――三浦正幸
古建築を復元する 過去と現在の架け橋――海野　聡
生きつづける民家 保存と再生の建築史――中村琢巳
大工道具の文明史 日本・中国・ヨーロッパの建築技術――渡邉　晶
苗字と名前の歴史――坂田　聡
日本人の姓・苗字・名前 人名に刻まれた歴史――大藤　修
アイヌ語地名の歴史――児島恭子
日本料理の歴史――熊倉功夫
日本の味　醤油の歴史――林　玲子・天野雅敏編
中世の喫茶文化 儀礼の茶から「茶の湯」へ――橋本素子
香道の文化史――本間洋子
天皇の音楽史 古代・中世の帝王学――豊永聡美
話し言葉の日本史――野村剛史
ガラスの来た道 古代ユーラシアをつなぐ輝き――小寺智津子
たたら製鉄の歴史――角田徳幸
金属が語る日本史 銭貨・日本刀・鉄炮――齋藤　努
名物刀剣 武器・美・権威――酒井元樹
賃金の日本史 仕事と暮らしの一五〇〇年――高島正憲
書物と権力 中世文化の政治学――前田雅之
気候適応の日本史 人新世をのりこえる視点――中塚　武
災害復興の日本史――安田政彦

各冊一七〇〇円～二一〇〇円（いずれも税別）
▽残部僅少の書目も掲載してあります。品切の節はご容赦下さい。
▽書目の一部は電子書籍、オンデマンド版もございます。詳しくは出版図書目録、または小社ホームページをご覧下さい。